一眼千年

——遥望五千年中华文明的绚丽日出

毕玉才　著

中国出版集团有限公司
研究出版社

图书在版编目（CIP）数据

一眼千年：遥望五千年中华文明的绚丽日出 / 毕玉
才著. -- 北京：研究出版社，2025.5. -- ISBN 978-
7-5199-1765-4

Ⅰ. K203

中国国家版本馆CIP数据核字第2024TY5780号

出 品 人：陈建军
出版统筹：丁　波
责任编辑：范存刚

一眼千年

YIYAN QIANNIAN

——遥望五千年中华文明的绚丽日出

毕玉才　著

研究出版社 出版发行

（100006　北京市东城区灯市口大街100号华腾商务楼）

北京中科印刷有限公司印刷　新华书店经销

2025年5月第1版　2025年5月第1次印刷

开本：710毫米×1000毫米　1/16　印张：18.25

字数：228千字

ISBN 978-7-5199-1765-4　定价：98.00元

电话（010）64217619　64217652（发行部）

目录

一、满天星斗

二、北方老家

三、文化名人

一

满天星斗

每个时代的龙都有那个时代的特征，如商周龙的神秘感，春秋战国龙的多变化，秦汉龙的威武刚劲，魏晋南北朝龙的飘逸洒脱，唐代龙的华美富丽，宋明龙的威严至尊。历经数千年，其体态虽然变化无穷，但万变不离其宗，从形象到内涵，龙始终代表着中华民族对自然界的尊重，代表着多元文化的共处融合，成为中华民族巨大的凝聚力、无穷的创造力和无限的生命力的集中体现。

中国人为何称为"龙的传人"以及龙形象演变

访谈嘉宾：

辽宁省文物考古研究院名誉院长	郭大顺
中央民族大学教授	林继富
辽宁省红山文化研究基地首席专家、朝阳师专教授	雷广臻
辽宁省阜新市查海遗址博物馆副馆长、副研究员	李井岩

　　中国人被称为"龙的传人"。龙意象是中华民族精神文化的象征，这在民俗生活之中有着充分的体现。在新春佳节来临之际，我们邀请文化、民俗和考古学者与您共话龙的意象，在追古溯源中读懂龙的前世今生。

龙文化的追古溯源

笔　者：龙是图腾崇拜的产物，后随历史发展逐步升华为中华民族精神文化的象征。可否结合您的研究，以事实说明龙的起源、演进与发展历程？

李井岩：龙是中华民族文明的象征，代表着以爱国主义为核心，团结统一、爱好和平、勤劳勇敢、自强不息的民族精神。中国人对龙的崇拜渊源久远，并且深深根植于中华民族的灵魂和血液之中，作为传统农耕文化的凝聚和积淀，一直影响至今。龙起源问题是龙文化研究的根本，是探索龙的本质、内涵的基础。作为一种文化现象，关于龙起源是真实物还是想象物，众多专家、学者从民族学、历史学、考古学等方面进行了广泛的研究。从考古发现看，新石器时代是龙崇拜现象形成、发展的重要时期，我国各地先后考古发掘出各种不同的龙崇

● 辽宁阜新查海遗址出土的石堆龙

● 国家博物馆展出的红山文化出土的大玉龙和玉猪龙

拜遗物和遗迹。辽河流域查海遗址出土的"龙形堆石""龙纹陶片"和"蛇衔蟾蜍陶罐"是目前已知最早的成熟龙形象，已经具备中国龙形象的龙头、龙颈、龙体、龙鳞、龙尾、龙爪等基本特征，可以说是龙崇拜之源。再从稍晚各地出土的各种龙形象看，新石器时代产生的龙崇拜与农业生产有关，生动

● 河南偃师二里头遗址出土的绿松石龙

● 绿松石龙尾　　● 出土铜铃　　● 绿松石龙首

地表现出中华文明起源的多源性。龙崇拜从查海文化产生便与中国传统文化相伴相生数千年，成为中华文明起源的重要标志。

林继富：龙是中华民族的象征。结合历史文献研究可知，龙的起源与中华人文始祖伏羲有关。《补史记·三皇本纪》中记载"蛇首人身，有神圣之德"。《拾遗记》描述伏羲出生时的样貌就是后世传说中龙的形象。也就是说，伏羲与龙有紧密关系，对于伏羲的崇尚就包含了中华民族对于龙的崇拜。因此，从中华民族人文始祖开始就有了对龙的崇拜。

郭大顺：据考古界最新的成果，龙的起源可追溯到距今近万年。最早的龙以堆塑手法成形，如辽宁省查海遗址石堆龙，内蒙古自治区兴隆沟猪首摆塑龙，河南西水坡蚌壳堆塑龙群；查海还有浮雕龙，内蒙古小山遗址有刻画龙，距今5000年前后，凌家滩、崧泽文化晚期到良渚文化早期都有玉龙发现，而以红山文化玉雕龙最为多见，红山文化还有彩画龙和泥塑龙。

由此可知，早期龙在多地区出现，但有主有次。辽河流域的龙，起源早、类型多、成系列，红山文化时期，龙的形象已较成熟，并对夏商及后世龙的演变影响深远，是中国龙起源的主干。

中华文明多元一体的见证

笔　者：龙的意象不仅是历代名人贤士着墨较多的内容，还演化出各种相关民俗习惯，比如春节舞龙灯、端午赛龙舟。请问这些散布于文字与民俗中的龙的意象如何体现中华文化的特征，其背后的深层次内涵源于何处？

林继富：随着中华文化兼容并蓄地发展，龙的演化也出现了包容性的融合。这个过程蕴含了华夏族在发展过程中与周边民族交流、交往、交融的生活实践，从而形成了中华民族"龙"的特殊形象。其间，还形成了关于龙的民俗形式，诸如端午节划龙舟、春节舞龙灯等活动。这些活动成为中华民族大家庭共同创造、共同享有、共同传承的民俗生活。由此可以说，以龙为核心的文化生活和精神信仰的跨族际交流实践，构成了"美美与共"的多民族和谐生活关系，不断强化和凝聚着中华民族共同体意识。

郭大顺：龙的起源与演变，体现了中华文明多元一体的发展道路。闻一多先生认为，龙是以蛇为本体，又融合了"兽类的四脚，马的头，鬣的尾，鹿的角，狗的爪，鱼的鳞和须"，是因为"当初那众图腾单位林立的时代，内中以蛇图腾为最强大，众图腾的合并与融化，便是这蛇图腾兼并与同化了许多弱小单位的结果"。考古发现确也证明，史前时期的龙已是多种动物的"龙化"，如熊龙与猪龙。更有多种龙化动物的组合，如内蒙古小山遗址出土的陶尊上刻画的鸟龙、鹿龙与猪龙，凌家滩和牛河梁遗址出土的龙与凤组合的玉饰，特别是龙与花（华）的结合，被认为是从中原到北方更为广阔区域古文化的结合，成为中华文明多元一体的集中体现。

李井岩：中国文化本质上是农业文化，文化的物质基础主要是农耕自然经济，原始先民的精神文化活动必然也是围绕农耕经济展开的，是与农业生产性经济密不可分的。在这种经济环境下，龙崇拜成为原始人类意识形态的反映。经历后来几千年的发展，龙文化成为中国传统文化价值体系和精神核心的代表，一直贯穿于中华文明发展的悠久历程之中，是激励民族发展强大的精神动力。我们自豪地称自己是龙的传人，这是血浓于水的爱国情怀；龙腾九霄、遨游四海、畅通天地，这是奋发精神；嘉瑞吉祥但又勇猛威严、百折不挠，这是抗争精神……所以说，龙文化是中华优秀传统文化的集中代表。

特别是近代中国，龙的精神集中体现在中华民族爱国、奋进、抗争、自强的民族解放精神之中，为中国人民取得革命胜利供给了源源不断的力量。新中国成立之后，龙的精神开始了"质"的飞跃，中华民族秉承团结统一、和平友好、自强不息的奋进精神，在建设社会主义现代化事业的道路上不懈努力，并取得了一系列举世瞩目的成就。当今，中国人民在实现中华民族伟大复兴的中国梦的征程中迈开坚实步伐，龙的精神也被赋予了新内涵和新使命，龙文化正成为鼓舞人民心心相系、团结奋进、开拓创新的精神纽带，助力中国巨龙腾飞。

● 中国早期龙形象比较图（摄于辽宁省博物馆）

以古人之规矩，开自己之生面

笔　者：习近平总书记在谈及如何传承中华文化时指出，要"以古人之规矩，开自己之生面"，重点做好创造性转化和创新性发展。那么如何挖掘龙文化的现实功用、为助力社会发展注入活力呢？

郭大顺：龙意象在人们的观念中扎根，为各民族所推崇，渗透到中国古代的宗教、哲学、政治、经济、文学、艺术、社会和民俗等各个领域，表现出强大的传承力，承载了中华民族璀璨的文化。随着时代的变迁，龙意象也有所变化。但从考古来看，每个时代的龙都有那个时代的特征。如商周龙的神秘感，春秋战国龙的多变化，秦汉龙的威武刚劲，魏晋南北朝龙的飘逸洒脱，唐代龙的华美富丽，宋明龙的威

● 北京故宫里的云龙石雕

严至尊。历经数千年，其体态虽然变化无穷，但万变不离其宗，从形象到内涵，龙始终代表着中华民族对自然界的尊重，代表着多元文化的共处融合，成为中华民族巨大的凝聚力、无穷的创造力和无限的生命力的集中体现。在以追求人与自然和谐、保持多元文化共存融洽、珍视各民族传统习俗文化发展的今天，龙所代表的中华民族精神，顺应了世界发展潮流，激发出中华儿女对未来无限的希望和信心。

李井岩：龙文化是中国传统文化中源流最为久远、持续时间最长、最为复杂的文化现象之一，它已深深根植于每个中国人的潜意识当中。

以查海文化龙崇拜为例，它承载历史文明，维系民族精神，延续民族血脉，是祖先留下的宝贵文化遗产。查海文化龙崇拜蕴含着丰富的传统文化精髓，是优秀传统文化的象征与见证。为顺应时代潮流，只有让收藏在博物馆里的文物和在大地上展示的遗址都"活"起来，才能真正实现在继承发展中与时俱进、不断创新。以我自己身边的事为例，查海遗址发现后，当地政府建立了阜新查海遗址博物馆，并以8000年查海玉和龙文化为主题举办"玉龙文化节"，召开"玉龙文化研讨会"，以"龙"命名了玉龙路、潜龙路、玉龙湖等地标性区域，充分展现阜新玉龙故乡的文化氛围。

当前，我国文物事业发展进入新时代，以科学保护、融合发展、服务民生为发展原则，查海龙文化被赋予了新使命和新要求。盘活查海8000年龙文化，依法创新文物保护利用机制，统筹文物保护与经济发展的关系，建设"查海龙文化遗址公园"和"查海龙文化保护利用示范区"，把富有文化魅力、具有时代价值的查海龙文化发扬光大，这是查海龙文化创造性转化和创新性发展的目标。

雷广臻：龙文化形成的过程体现了时代性、创造性、实践性、融合性和群众性，把握好这些方面的核心要旨，是推动传统文化创造性转化和创新性发展的关键。第一，时代性。龙文化的产生和演化反映了且适应了时代所发生的巨大变革。第二，创造性。集多物之长而凝聚成一个龙的形象，反映了人们聚合更大能量、更加奋发有为的创造精神。第三，实践性。人们不断借助物质元素把龙的观念再现出来，龙的形象再现，成为千百年来人们社会实践的重要组成部分。第四，融合性。虽然我们的社会生活存在着差异，但龙的形象为吉祥图案得到广泛的社会认同，龙有吉祥美好、欢乐喜庆、和谐奋进等诸多内涵也已经凝聚为广泛的社会共识。龙是凝聚、融合社会的巨大精神力量。第五，群众性。龙文化已经与社会大众生活结合，具有广泛的群众基础。当今，社会大众正在汲取龙文化的精神力量以丰富中华民族复兴的伟大实践，同时也在以创新的龙形象和内涵繁荣文化旅游、文化创意等产业，源源不断地创造着更多的社会物质财富和精神财富，

● 民间舞龙表演

持续为我们国家和民族的强盛增添力量。

打通对外文化传播中的"共情点"

笔　者：龙在我国被众人寄予了诸多期盼与福祉，但在西方文化中却被误读成"邪恶化身"。您如何理解这种中西文化差异？在对外文化传播中，如何打通"共情点"，弥合其中的罅隙？

李井岩：中西方关于龙的认知有很大不同，包括龙的起源、龙的形象、象征意义等，都有很大的不同，中国龙是一种和平、包容、求同的"和"文化，西方龙是残暴、凶险和贪婪的"恶"文化。这种文化之间的差异，需要我们在东西方跨文化交流中加以注意和重视。不同文化背景的国家要秉承"和而不同"的理念，遵循平等原则和发展原则，用中国文化中开放、包容、求同存异的观念处理、协调、解决国际交往问题，减少误解、维护和平、共同发展。中华民族所推崇的龙文化代表的不是强权，而是一种积极向善的精神与力量。面向未来，中国始终相信世界好，中国才能好；中国好，世界才更好。

雷广臻：中国文化所称道的龙是"善龙"，社会各个阶层、各个学科的解释都是如此，这与西方文化关于龙的解释不一样。中国文化中的"善龙"是和谐兼顾、诚信共处的，是建立"人类命运共同体"的深层文化基础。中国文化与西方文化形成的历史根源、社会背景不同，加之其哲学基础、解释学和语言学基础的差异，对同一事物有不同的认识和评价是正常的事情。

西方文化与中国文化一样，都是区分历史阶段、区分文化传统的开放体系，两种体系的文化存在互相交流、互相借鉴的基因和可能性。我们在对外文化传播中，要善于求同存异，用两种文化都重视的范畴打通"共情点"，弥合其中的罅隙，这是一个重要途径。

在研究中国文明起源特别是五千年文明起源时，只要不自设禁锢，而是立足于中国文明起源的自身特点，立足于中华传统文化的继承关系，立足于文化交汇的推动作用，就会对红山文化在中国文化和文明起源过程中的地位和作用有更深入的理解，谈中国五千年文明起源就会理直气壮，这是真正意义上的文化自觉和发自内心的文化自信。

"又见红山"，遥望中华五千年文明的绚丽日出

1986年7月25日，《光明日报》头版刊登消息："中国文明起源问题找到新线索，辽西发现五千年祭坛、女神庙、积石冢群址。考古学界推断，这一重大发现不仅把中华古史的研究从黄河流域扩展到燕山

● 国家博物馆大型展览《日出红山》

● 红山晚霞

以北的西辽河流域，而且将中华文明史提前了一千多年。"

33年后，随着中华文明探源工程的不断深入，以及黄河中上游、东南沿海、江汉平原及辽西等地考古成果频出，尤其是良渚古城遗址成功申遗后，五千年前中华大地"满天星斗"的文明盛景已越来越清晰。

2019年10月16日，汇聚辽宁、内蒙古、黑龙江、吉林、安徽、河南、山东等省区历年重要考古成果，展现红山文化完整脉络和独特内涵，揭示红山文化在中华文明进程中重要作用的精品文物大展"又见红山"，在与共和国同龄的辽宁省博物馆展出。

在成功举办"又见大唐"书画文物展之后，辽博又推出红山文物展，展现了辽宁不仅有国宝，还有有历史底蕴的文化气象，在全省乃至全国引发了一场"到辽博看大展"的热潮。

红山文化坛庙冢，中华文明一象征

　　笔者走进辽博一层3号临展厅，1030平方米的面积，246件石器、陶器、玉器，其中，辽宁省文物考古研究院院藏148件，外借98件，分为序厅和四个单元，次第展示红山人生产与生活、祭祀与崇拜、以玉为葬及红山人的玉石之路，不仅让您领略到中华五千年前的艺术高峰，而且望见中华文明黄河流域、长江流域之外的又一个源头。

　　玉玦形猪龙、玉C形龙、玉勾云形器、玉斜口筒形器、玉人、玉凤……这些精美的玉器很长一段时间内在西辽河流域的辽西蒙东不断出现，甚至广泛流传海外。然而，由于文物过于唯美精致，很少有人敢把它和红山文化联系在一起，甚至考古学家都将它们视为商周乃至汉代的文物。直到1984年8月4日，考古学家发掘牛河梁第二地点一号冢4号墓，发现该墓主人头下枕着一件马蹄形玉器，胸部放置一对玉猪龙，这才相信，如此精美的玉器，是5000多年前红山先民的杰作。

● 女神庙出土的红山女神头像

　　红山文化最初于20世纪初在内蒙古赤峰发现并被命名，但最重要的考古发现则是在辽宁朝阳建平与凌源交界处的牛河梁。毕业于北京大学历史系考古专业，先后主持过东山嘴、牛河梁遗址考古发掘，现为辽

● 辽宁牛河梁第二地点发现的大型祭坛和冢

宁省文物考古研究院名誉院长的郭大顺告诉笔者：该遗址不仅有积石冢墓群，而且有庙宇和祭坛，特别是有至今仍是同时期甚至整个史前时期唯一发现的女神庙和以女神庙为中心维系着四周五十平方公里内外众多冢坛的遗址群，形成有组合、成布局的有机整体，体现出红山文化的宗教信仰已具备完整体系；与建筑址相配套的是规格甚高的玉人、玉龙、玉凤、玉龟和彩陶祭器；普遍出现的中心大墓体现了社会结构已出现以"一人独尊"为主的等级分化。所以说牛河梁遗址是红山文化最高层次的中心遗址，是中华五千年文明起源的实证。

1987年苏秉琦先生为牛河梁遗址题词："红山文化坛庙冢，中华文明一象征。"

● 苏秉琦先生正在鉴定文物

敬天法祖、崇玉尊龙，是中华文明最鲜明的"胎记"

或是由于气候原因，或是由于过度地大兴土木和频繁的祭祀活动透支了财力，已进入"古国"阶段的红山与良渚一样盛极而衰，逐步走向了消亡。但不断出土的考古遗存、绵延不绝的传统习俗，以及流传至今的建筑理念，无时无刻不在提醒人们，这方红土在中华文明起源过程中的源头地位。

——穿龙袍，舞龙灯，赛龙舟，千百年来，中华民族一直是"龙的传人"，但最早的龙起源在哪？"龙出辽河源。"郭大顺告诉笔者，虽然在中原和南方等地区也有早期龙形象出土，但辽河流域发现的史前时期的龙时间最早，类型最多，序列最完整。在七八千年前的阜新查海遗址中心部位，考古人员发现了用石块摆塑的长达19米的龙形堆石。距今6000年前的赵宝沟文化遗址出土的陶尊上刻画的"四灵"纹是猪头龙、鹿头龙和鹰首龙（另一种动物图案待确认）组合。史前的红山先民，已经萌发了建立文化认同的初浅意识，玉器在此承担了重要的精神认同和文化认同标志物的角色。红山文化玉器中最著名的C形龙和玉猪龙就是这种认同标志的经典造型。

——在北京城南，离紫禁城不远，有一座恢宏的建筑——祈年殿，像天外来客降落在松柏之间。在它南面，是汉白玉栏杆筑起的三层祭坛。串缀起两座宏伟建筑的，是一条长360米、宽30米的神道，其他建筑或在这条中轴线上，或沿这条中轴线左右对称、顺序铺排。这就是明清两代皇帝祭天的地方——天坛。神奇的是，这种三层起坛、天圆地方、沿中轴线左右布局的建筑理念，早在五千年前就已出现。日前，笔者来到北京天坛皇乾殿，见展出的多张中国历代祭祀建筑址

● 远古祭祀场景表演

图片，第一张就是牛河梁祭坛。这是500多岁的天坛对于5000年前祭坛的一次"认祖归宗"。比这种建筑理念更重要的是，五千年前的红山人就已经形成了祭天地、拜祖宗、敬天法祖的传统，而这，恰是中华文明最鲜明的"胎记"。

为此，著名考古学家苏秉琦在20世纪80年代就提出了"直根系"概念。所谓"直根系"，就是红山文化在中华文明发展史上不仅具有初级文明诞生的基本要素，还在中华文化发展史上起到了"承上启下"的关键作用。

坚持文明起源的"中国道路",是真正意义上的文化自信

中国有没有五千年文明史?

由于受西方文明起源"三要素"(城市的形成、文字的出现和金属的发明)的禁锢,很长一段时间,我国学界对此见解不一。有知名学者多次谈到"上下5000年,是文化;3700年,是文明"。

可喜的是,随着全国各地考古发现的逐渐增多,文明起源探讨的不断深入,目前学界基本已达成共识:一是文明起源的多元性,即承认苏秉琦先生提出的"满天星斗"说。二是文明起源的标准不限于西方的"三要素",更重视结合中国自己的实际,如城墙和建筑基址,特别是礼仪性建筑。

中国文明起源具有与西方不同的特点。内蒙古赤峰学院于建设教授指出,"由巫而王""由祀而礼"可能正是以中国为代表的东方从氏族迈向文明和国家的独特之路。这不仅是红山文化,也是中华文明起源的路径,有典型性和代表性。

自然资源部国检中心专家史永对比中西方文明进程后指出,领先进入所谓文明阶段的两河流域和埃及等地,由于人类本身无穷欲望的驱使,对外发动大规模征战、对内则钩心斗角,因为战乱死伤的人数呈几何级数增长,这一切都和文明的本意背道而驰。反观地处东方的中华各文化区域,大家具备一种共同的信仰,即信奉天地、敬仰自然,最终形成了一股极具凝聚力的社会联结力量,发展出一种非常有韧性的"中国精神",这不正是中国文明能够持续至今的最重要原因吗?这种"与世无争"的状态造就了中国大地"满天星斗""多点起源",发展出祭祀体系和礼制社会。

● 游客在国家博物馆参观大型展览《日出红山》

　　"所以，在研究中国文明起源特别是五千年文明起源时，只要不自设禁锢，而是立足于中国文明起源的自身特点，立足于中华传统文化的继承关系，立足于文化交汇的推动作用，就会对红山文化在中国文化和文明起源过程中的地位和作用有更深入的理解，谈中国五千年文明起源就会理直气壮，这是真正意义上的文化自觉和发自内心的文化自信。"郭大顺说。

　　据悉，本次展览从2019年10月16日持续到2020年1月16日。

> 两千年来的中国史学家，上了秦始皇一个大当，以为中国的文化及民族都是长城以南的事情……我们要用我们的眼睛，用我们的腿，到长城以北去找中国古代史的资料，那里有我们更老的老家。——考古学家李济

红山文化遗址：中华民族的"北方老家"

辽西的山区格外宁静，伴着洛阳铲剥离泥土的细密声音，沉睡几千年的红山女神，渐渐露出她那高贵的面孔。摄影师快门一按，拍下了女神与后代跨越千年的相视一笑。

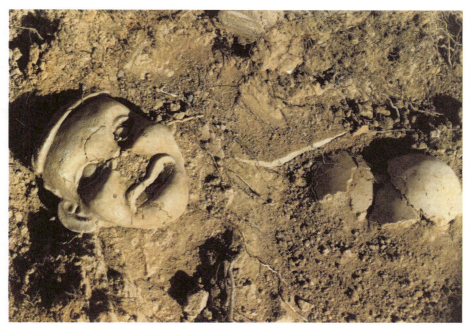

● 红山女神出土瞬间

● 巍巍牛河梁，藏着多少远古的秘密

这镜头，定格在1984年10月31日。如今，40年弹指过去，这一幕在郭大顺的脑海里，依然清晰如昨。

打从北京大学考古专业毕业，来到辽宁，他的目光一直没离开辽西那片土地。红山女神蒙娜丽莎一般神秘的微笑，让他魂牵梦绕了40年：这绵延起伏的牛河梁，还藏着多少旷世的秘密？那拜倒在女神脚下黑压压的人群，后来去了哪里？

经过数十年的田野调查、考古发掘和室内整理，由他主编的100多万字的《牛河梁考古发掘报告》与读者见面。循着精美的图片和缜密的文字，拂去岁月的灰尘，人们发现：5000年前，在燕山南北、长城外面，一个文明古国的亮丽身影，越来越清晰。

长城外面是故乡

一个东北人，站在长城上，是什么感觉？大连籍女作家素素说，是一种"被隔在了外面、一直想加入却一直也加入不进来的感觉"。

"长城对东北人来说，不是一道风景，而是一堵墙。"在中国人

的传统观念中，只有黄河流域是中华文明的发源地，长城外面是关外，是异族，甚至连文献古籍都不肯多提一句。

而他——著名考古学家李济是清醒的，他在生前就扔下一句话："两千年来的中国史学家，上了秦始皇一个大当，以为中国的文化及民族都是长城以南的事情……我们要用我们的眼睛，用我们的腿，到长城以北去找中国古代史的资料，那里有我们更老的老家。"

"老家"的气息首先从内蒙古赤峰市郊那片褐红色的山峦弥漫开来，被日本人类学家鸟居龙藏嗅到了，借着在喀喇沁王府当家教的机会，他优哉游哉地做起了田野考察。1914年，他发表了《东蒙的原始居民》，首次向世人披露了西辽河流域的史前文明信息。

然而，很长一段时间内，人们对红山文化的发展高度缺乏充分的估计，以至于遗址周边不断出现，甚至广泛流传海外的精美玉器，一直被认为是商周甚至是汉代文物。直到1984年8月4日，考古学家发掘牛河梁第二地点一号冢4号墓，发现该墓主人头下枕着一件马蹄形玉器，胸部放置一对玉猪龙，人们这才相信，如此精美的玉器，是5000多年前红山人的杰作。

● 原始先民生活场景复原

　　刮目再看牛河梁，是何等的气魄！方圆50平方公里范围内，女神庙位于主梁山顶，祭坛、积石冢、大平台、金字塔等40多处建筑次第排开，分布在中轴线两侧大小山头，随山就势，错落有致，一呼百应。

● 半个世纪前，正是马瑞财的父亲收藏的一件马蹄形玉器，给考古专家指明了方向，发现了牛河梁第二地点，坐实了玉器出土于5000多年前。如今，马瑞财成了牛河梁的守护者

专家惊呼：牛河梁坛、庙、冢的格局，处处体现着中国传统建筑沿中轴线布局、天圆地方、东西对称的理念，非常像北京明清时期的天坛、太庙与明十三陵。

可是作家素素却说，雕凿而且小气的天坛怎么能和牛河梁比。"它高居河川与山口的梁顶，俯瞰大凌河开阔的河道。对天对地对万物，那是何等庄严何等痛快的倾诉和表达！"

作家进而想象："当年在这个广场上祈天求地的不可能只是一个氏族或一个部落。它与女神庙一样，是许多部落或者是一个王国共同的聚会之所。那祭坛从未闲置过，每天都旋转着苍凉的歌舞，飘落着欢乐的泪水，还有无数或圆或碎了的心愿。"

我们一直说中国有5000年的文明史，而有据可查的历史只限定在距今4000年的夏代，之前的1000年，即传说中的"三皇五帝"时代，由于缺乏实物证据一直被人诟病。"更老的老家"终于从地底下走了出

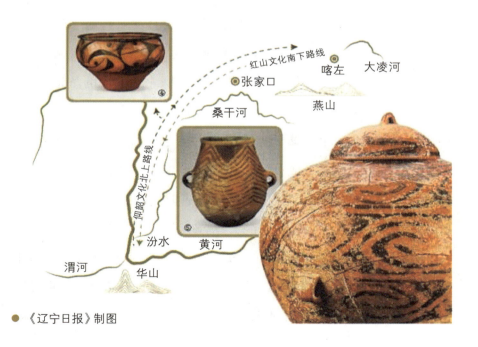

● 《辽宁日报》制图

来。1986年7月25日，《光明日报》头版发布消息："中国文明起源问题找到了新线索，辽西发现五千年前祭坛、女神庙、积石冢群址。考古学界推断，这一重大发现不仅把中华古史的研究从黄河流域扩大到燕山以北的西辽河流域，而且将中华民族文明史提前了一千多年。"

文明起源的"中国道路"

文明起源有三个标志：城市、文字、金属。一般来说，具备了其中的两项，就可以纳入文明的范畴。

这是西方的标准！著名学者张光直不这么看。他认为：中国文明起源具有与西方不同的特点——西方是以技术和贸易改造自然的"破裂性文明"，而以中国为代表的东方是通过人与神沟通达到人与自然和谐的"连续性文明"，"经过巫术进行天地人神的沟通是中国古代文明的重要特征"。

"正如今天的宇航员要进入太空，先要有发射基地一样，牛河梁大遗址群，就是这样一个祖神升天的重要基地。这个基地不是普通人可以进入的陵园，是红山时代领袖级人物才可进入的圣地。"内蒙古赤峰学院于建设教授认为：中华文明的起源，从发展机制上看，是由巫师通神灵，由祖神通天神的机制；从结果上看，是由神权诞生王权，由祭祀制度而发育成礼乐制度的成长道路。王是政治领袖，同时又是群巫之首。从红山时代的巫师到上古时代的尧、舜、禹、汤、文、武，都是集神权和王权于一身的大巫。

文明起源的新视野打开了人们的思路，专家们在浩瀚的史籍中，发现了中华文明的一脉相承。《吕氏春秋·顺民篇》记载："昔者汤克夏而正天下，天大旱，五年不收，汤乃以身祷于桑林……剪其发，枥其手，以身为牺牲……雨乃大至。"

《尚书·金縢》中也讲了这样一个故事：周武王有病，卜筮后不见好转，周公筑坛奉玉祭祖，并表示愿意替武王死。这一举动感动了祖先，不但周公没死，武王的病也好了。

走出典籍，几大文化区系陆续传来的新发现，也为文明起源的"中国道路"提供了更多佐证。甘肃秦安大地湾中心出土的"殿堂式"大房子，面积超过100平方米，"前堂后室"的结构正应了"室有东西厢曰庙"的说法；良渚文化发现的大型人工堆积祭坛，与红山文化的积石冢遥相呼应，成为后世皇家陵寝称之为"山陵"的渊源所在。

"看来，巫文化是中国文化总的源头。"于建设说，中国最早的甲骨文起源于巫术，《周易》是一部卜筮之书，《山海经》大多取材于巫术文化，中国的原生宗教——道教，与巫文化也有着千丝万缕的联系。直到今天，民间的各种风俗、禁忌、风水、命相、祭祀等，无不与巫文化密切相关。

"无字地书"读出五帝时代

燕山南北长城地带是农业文明与游牧文明的分界线，苏秉琦说："从'五胡乱华'到辽、金、元、明、清，许多'重头戏'都是在这个舞台上演出的。"那么，在史前时代，这一地区扮演着什么角色？

在松涛阵阵、绿树掩映、被考古学家誉为"躺在女神怀抱中"的牛河梁工作站，郭大顺一遍又一遍摩挲着红山出土的陶片，想象着自己的手印正与古人的手印重叠在一起，揣摩着红山女神微笑背后的玄机。

司马迁撰《史记》，以《五帝本纪》开篇，于是中华五千年文明就有了从五帝说起的通例。可是由于缺乏实物证据，史学界一直把五帝时代作为传说来对待。辉煌的红山文化时代与传说中的五帝时代时间恰好吻合，能不能从这段历史的漫漫黄沙中找到五帝的足迹？

"发现了不等于认识了，认识的过程可能更艰巨，甚至痛苦。"郭大顺在辽宁工作近半个世纪，尽管期间也曾换过好几个单位，还当过省文化厅副厅长，但他更多的时间是在牛河梁度过的。手捧着著作《追寻五帝》，他兴奋地说："目前虽然还不能对五帝时代诸代表人物都作具体确指，然而那正在一页页揭开的'无字地书'，越来越清晰地展现出五帝时代的壮丽画卷，十分令人鼓舞。"

黄帝族"迁徙往来无常处"，这是北方游牧民族的特点；黄帝战蚩尤于涿鹿之野，地点在今河北张家口的桑干河流域；周武王封黄帝

● 5000年前的高等级墓葬，让人们对牛河梁红山先民的部属充满了想象

之后裔于蓟，也在今燕山南麓长城脚下……从文献记载到考古发现，都正在逐渐逼近一个事实——五帝前期诸代表人物和部族的活动，重心在燕山南北长城地带。

与此同时，全国各地的考古工作者、史学家一起勾勒出一幅五帝时代的壮美画卷：仰韶文化为神农氏文化，陶寺文化为尧的文化，大汶口文化即舜的文化，而良渚文化与先夏文化有关。中华大地文明似满天星斗，遥相辉映，相互激荡，最后创造了辉煌灿烂的中华文化。在这一过程中，辽西先行一步。

辽西是证明"恐龙没有灭绝，有一支小型兽脚类恐龙变成了鸟，还在我们头上飞"的地方；辽西是龙的故乡，至今，横卧在阜新查海遗址上8000多年前的石块堆塑龙仍是"中华第一龙"；五胡十六国时期，这里又崛起了慕容鲜卑族建立的政权：前燕、后燕、北燕，在历史上叱咤风云了80年。朝阳师专党委书记、历史学教授雷广臻说：鲜卑慕容氏是黄帝的后人。

古老的辽西，你还有多少秘密？80多岁的郭大顺还在继续寻找着，牛河梁只是一个索引。

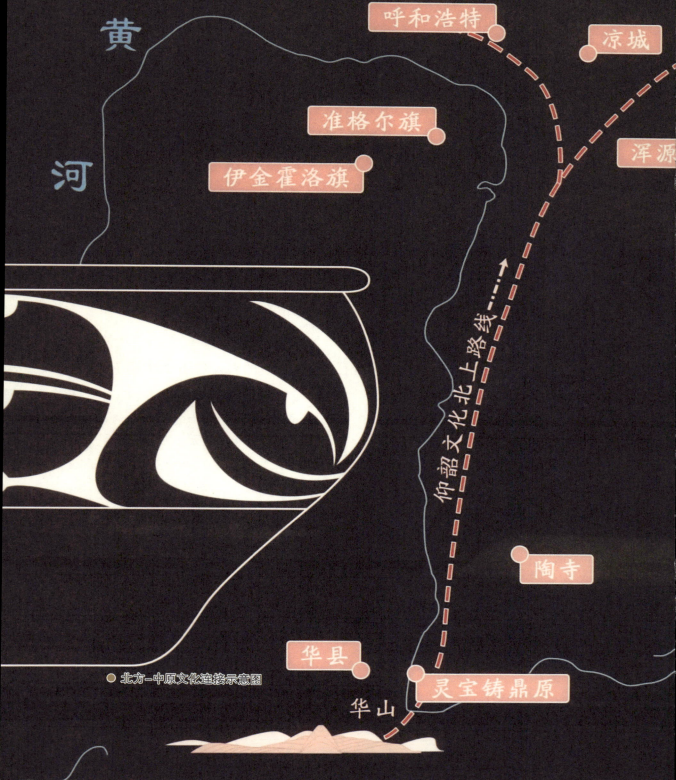

黄

河

呼和浩特

凉城

浑源

准格尔旗

伊金霍洛旗

仰韶文化北上路线

陶寺

华县

灵宝铸鼎原

华山

● 北方—中原文化连接示意图

牛河梁　建平

红山文化南下路线

凌源　喀喇沁左翼蒙古族自治县

燕山

⋯县　三关

● 从关中西部起，由渭河入黄河，经汾水通山西全境，在晋北向西与内蒙古河套接，向东北经桑干河与冀西北并再向东北与辽西接，形成"Y"形文化带。华山脚下仰韶文化与燕山以北红山文化就是通过这条通道交流撞击的，这是中国文化史上最活跃的大熔炉，也是中国文化史总根系中一个重要"直根系"

河

黄

目前虽然还不能对五帝时代诸代表人物都作具体确指，然而那正在一页页揭开的"无字地书"，越来越清晰地展现出五帝时代的壮丽画卷，十分令人鼓舞。

红山文化考古：或已追寻到五帝行踪

中华五千年一向有从五帝说起的通例，但五帝究竟是传说还是信史呢？在红山文化正式发掘80周年之际，来自国内外30余所高校、科研院所和考古学界的近百位专家，于2015年12月22日齐聚辽宁，共襄"红山文化与中华文明学术研讨会"。先后主持过东山嘴、牛河梁等史前重要遗址考古发掘的著名考古学家郭大顺在主题发言中，通过大量的考古发现和研究，不仅向人们描绘了5000年前东西南北文化交汇的壮丽画卷，而且根据时空框架和时代特点，向人们勾勒出了传说中的五帝行踪。

"神农氏世衰，诸侯相侵伐"是对前五帝时代和五帝时代的准确描述

著名历史学家李玄伯说过："用载记来证古史，只能得其大概……要解决古史，唯一的方法就是考古学。"

"有关五帝时代的历史，文献记载少，翔实程度低，不同理解多。所以，通过考古复原远古历史，就成了史前考古学者义不容辞的

责任。"郭大顺说,考古学者既要避免以往的简单比附,也不能因此而过于保守,应抱着积极的态度,从"无字天书"中触摸真实的历史。

郭大顺于北京大学历史系考古专业研究生毕业,1968年分配到辽宁省博物馆,1983年至1994年任辽宁省文化厅副厅长兼辽宁省文物考古研究所所长,现为中国考古学会常务理事,辽宁省文物局专家组组长。多年来,他主持了多项史前遗迹考古,并著有《红山文化考古记》《龙出辽河源》《追寻五帝》等专著。

● 郭大顺著作《追寻五帝》

"按照古史传说,五帝时代可以分为前期和后期,即以黄帝为代表的前期与以尧、舜为代表的后期。距今5000年为界的仰韶时代晚期到龙山时代,即为五帝时代前期与后期在考古学上的反映。"郭大顺说,以仰韶文化为代表的仰韶时代和以龙山文化为代表的龙山时代的划分,是中国近百年来史前考古研究最重要的成果之一,也是距今五千年前到四五千年间中华大地影响全局的两个大时代。

《史记·五帝本纪》描述的"神农氏世衰,诸侯相侵伐",就是对前五帝时代(神农氏时代)和五帝时代两个不同发展阶段的准确描述。郭大顺告诉笔者:"考古学上的印证是从仰韶时代后期始各地区考古文化交汇频繁,相互吸收,你中有我,我中有你,导致龙山时代共性的大为增加。这其中,红山文化与仰韶文化的北南交汇,西北与东南的交汇为五帝时代文化交汇的主流。"

交汇的导向先由中原影响四周为主。从仰韶文化后期开始,以四周向中原汇聚为主和由西北及东南向中原汇聚。苏秉琦形象地比喻为"由光、热等向四周放射"到"车辐聚于车毂",具体就是"三个根（华山一个根,泰山一个根,北方一个根）在陶寺结合"。

在北京召开的"陶寺遗址与陶寺文化学术研讨会"上,中华文明探源工程首席专家、中国社科院考古研究所所长王巍曾表示,一系列的考古证据链表明,陶寺遗址在年代、地理位置、遗址内涵、规模和等级以及它所反映的文明程度等方面,都与尧都相当契合。

黄帝时代的活动中心,只有红山文化的时空框架可以与之相应

五帝时代的时间框架确定后,五帝时代的空间框架和时代特点,即诸部族和代表人物的分布地域、活动轨迹及相互关系,就成为用考古材料复原五帝时代历史的重头戏。

关于上古时期主要部族的分布,据郭大顺介绍,二十世纪三四十年代,有徐旭生、蒙文通等治古史家依古史传说提出的史前三大集团说,即中原华夏（河洛）、东方夷族（海岱）和南方蛮族（江汉）。20世纪60年代苏秉琦又从考古文化方面提出过中原地区后期仰韶文化、鲁南苏北青莲岗—大汶口诸文化和江汉间屈家岭文化三个文化区的划分。

"这些划分都是在当时尚未注意到长城地带北方地区的情况下做出的,"郭大顺说,"当80年代初牛河梁遗址刚一发现,苏先生在提出中华五千年文明曙光的同时,就将红山文化及其与仰韶文化的北南关系作为以考古学为依据研究五帝时代历史的一个突破口,以北方区与中原区、东南区为五帝时代诸代表人物和部族活动的三个主要区

● 牛河梁鸟瞰

域，并从这三大区诸考古文化之间的交流中寻找五帝时代诸代表人物和部族的活动轨迹。"

关于五帝时代前期代表人物的活动地域，以往一般限于从中原地区寻找。不过老一辈史学家已注意到古史记载黄帝族的活动多与北方地区有关，如黄帝族非定居农业的"往来迁徙无常处"习俗，黄帝与炎帝、蚩尤战于华北平原北部的涿鹿之野，以及周初封黄帝之后于燕山脚下的蓟等。郭大顺指出，红山文化的考古新发现正为此提供了越来越多的考古学证据，如近年考证红山文化女神像或为中华"共祖"的观点，红山文化为中华古文化"直根系"的观点，红山文化在精神领域有众多创造发明和作为中国礼制一个重要源头的观点，辽河流域在中华文明起源进程中"先走一步"的观点，红山文化与仰韶文化北南交汇导致规模宏大的祭祀建筑群出现的观点等。

　　"所以苏秉琦先生说黄帝时代的活动中心，只有红山文化的时空框架可以与之相应。"郭大顺告诉笔者。

● 图片拍摄于辽宁省博物馆

　　除此而外，郭先生还向笔者透露了五帝时代其他重要部族和人物踪迹的研究成果：多位学者认为陶寺文化为陶唐氏尧的遗存；结合大汶口文化晚期陶礼器在陶寺早期墓葬中大量出现的考古证据，再联系舜继尧位"夫而后之中国，践天子位焉"以及舜为东夷人等记载，有学者认为继承自大汶口文化的山东龙山文化晚期即虞舜文化；又良渚文化所在的江浙地区多有夏禹传说，如《国语·鲁语》中说"昔禹致群神于会稽之山"，《墨子·节葬下》中说"禹东教乎九夷，道死，葬会稽之山"，《史记·夏本纪》中说"帝禹东巡狩，至于会稽而崩"，等等，所以有学者认为良渚文化即先夏文化。

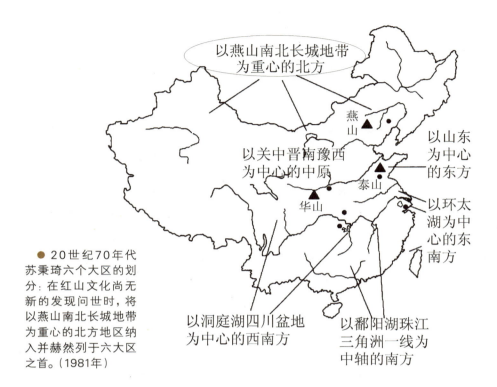

以燕山南北长城地带
为重心的北方

以关中晋南豫西
为中心的中原

以山东
为中心
的东方

燕山

泰山

华山

以环太
湖为中
心的东
南方

● 20世纪70年代
苏秉琦六个大区的划
分：在红山文化尚无
新的发现问世时，将
以燕山南北长城地带
为重心的北方地区纳
入并赫然列于六大区
之首。(1981年)

以洞庭湖四川盆地
为中心的西南方

以鄱阳湖珠江
三角洲一线为
中轴的南方

采访最后，郭大顺先生对笔者说："目前虽然还不能对五帝时代诸代表人物都作具体确指，然而那正在一页页揭开的'无字地书'，越来越清晰地展现出五帝时代的壮丽画卷，十分令人鼓舞。"

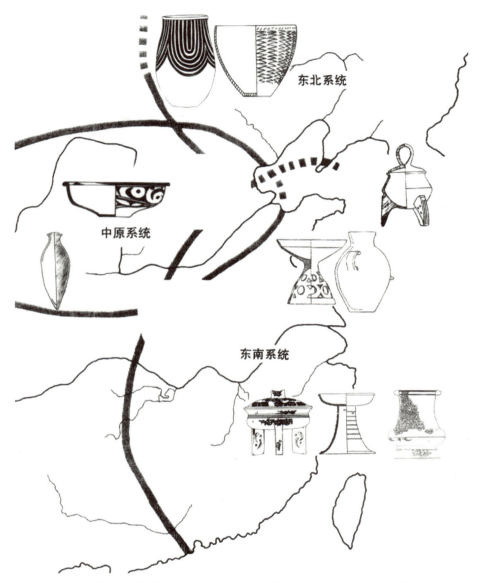

● 考古学上所见五帝时代诸代表人物和部落集团的发展趋势，有一个从五帝时代前期（即仰韶时代，距今五千年前）各区域诸考古文化以发展个性为主并频繁交汇，到五帝时代后期（即龙山时代，距今四五千年间）由四周向中原汇聚走向最初文化共同体的过程

2019年伊始，随着京沈高铁沈阳至承德段开通，位于辽宁朝阳一个名叫牛河梁的经停小站，逐渐走入人们视线——在那里，考古学家发现了5000年前的祭坛，"坛的平面图前部像北京天坛的圜丘，后部像北京天坛的祈年殿方基"。

西辽河流域惊现5000年前的"天坛"

在北京城南，离紫禁城不远，有一座宏伟的建筑——祈年殿，像天外来客掩映在松柏之间。在它的南边，是汉白玉栏杆筑起的三层祭坛。串缀起这两座宏伟建筑的，是一条长360米、宽30米的神道，其他建筑或在这条中轴线上，或沿这条中轴线左右对称、依次铺排。

这是明清两代皇帝每年冬至举行祭天大典的地方——天坛。神奇的是，这种三层起坛、天圆地方、沿中轴线左右布局的建筑理念，连同北庙南坛、敬天法祖的传统，早在5000年前就已出现，并且绵延至今。

2019年伊始，随着京沈高铁沈阳至承德段开通，位于辽宁朝阳一个名叫牛河梁的经停小站，逐渐走入人们视线——在那里，考古学家发现了5000年前的祭坛，"坛的平面图前部像北京天坛的圜丘，后部像北京天坛的祈年殿方基"。

1986年，牛河梁祭坛一发现，《光明日报》就刊文称："辽宁西部山区东山嘴、牛河梁遗址发现的红山文化'坛庙冢'这种三合一的建筑遗址，有点类似于明清时期北京的天坛、太庙与明十三陵。"

● 北京天坛。前面是圜丘，远处
三重顶圆殿为祈年殿

● 北京天坛祈年殿夜景

只是，比起"闹中取静"的北京天坛，牛河梁祭祀建筑群更显恢宏和开阔：方圆50平方公里的群山，女神庙雄踞海拔600多米的梁顶，祭坛、积石冢、大平台、金字塔等40多处祭祀性建筑星罗棋布在周边大小山头，既错落有致，又遥相呼应。登高一望，5000年前辉煌文明尽收眼底。

山海关外、西辽河流域，5000年前的"天坛鼻祖"与后世祭祀址无论类型、结构、组合，还是布局都惊人神似，而且一脉相承，难怪人们惊呼：我们都上了秦始皇的大当，以为中国的文化都是长城以南的事，却原来，长城以北有我们"更老的老家"。

辽宁西部惊现5000年前大型祭祀遗址

"红山文化已经发掘的祭祀遗址有五处：喀左县东山嘴、敖汉旗草帽山、牛河梁、朝阳龙城区半拉山和建平县东山岗。时间都属距今5000—5500年的红山文化晚期。"著名考古学家、辽宁省文物保护专家组组长郭大顺告诉笔者。

"山海关外的辽西一直被视为古文化的偏远地区，就新石器时代和青铜时代考古来说，文献记载很少。"早年毕业于北京大学历史系考古专业的郭大顺，自1968年分配到辽宁后，目光始终未离开那片红土地。

因为他知道，早在20世纪初，日本人类学家鸟居龙藏就在内蒙古赤峰市郊那片褐红色的山峦，嗅到了远古文明的气息；二三十年代，自然科学博士桑志华、梁启超的儿子梁思永也先后来过这里，发现了一些蛛丝马迹；1953年，中国现代考古学家李济提出了"长城以北列祖列宗"的观点，并敦促同行："我们要用我们的眼睛，用我们的腿，

● 东山嘴祭坛

● 牛河梁祭坛

到长城以北去找中国古代史的资料，那里有我们更老的老家。"

"老家"的气息率先从朝阳喀左露出端倪。1979年，辽宁文物普查开始，郭大顺被任命为朝阳喀左队队长。当时，他刚在西安参加了中国考古学会成立大会，家都没回，坐了一天一夜火车，赶到喀左县平房子公社，与17名来自全省各地的学员一起，把全县21个公社跑了个遍。

辽西朝阳与内蒙古赤峰山水相连，鸡犬相闻，是红山文化富集区。他举着刚采集到的彩陶片，鼓励队员要格外注意发现红山文化遗迹。正是由于他的仔细，这次普查共发现各类遗址609处，其中就有喀左东山嘴祭祀遗址。

"东山嘴是我们最早确认的红山文化祭祀遗址，坐落于喀左县城东北郊、大凌河西岸一南北走向的高岗上，1980年、1982年做了两个年度的发掘。"郭大顺告诉笔者，祭坛在中部主体的南部，为正圆形，直径约2.5米，坛面满铺较小的河卵石，坛的边缘以石片镶砌，石片不规则，但靠外侧的一边经过细加工，使坛的圆形外边缘甚为齐整。祭坛以北约15米，为一近于正方形的石砌建筑址，南北宽9.5米，东西长11.8米。遗址中部主体的两侧各有东西对称、仅保

● 牛河梁祭坛祭祀场景模拟复原（图片来源于牛河梁女神庙展示馆）

留1—2层砌石的外界墙和堆石等附属建筑遗迹。

这个发现轰动了中国考古界。1983年，苏秉琦先生亲自到辽西，并将这一发现与中国文明起源相联系，一是将这些祭祀遗址的类型及其配套组合规律与中国古代祭祀礼仪相联系，"远在距今五千年到三千年间，生活在大凌河上游广大地域的人们，是否曾经利用它们举行重大的仪式，即类似古人传说的'郊''燎''禘'等祭祀活动？"二是将这些祭祀遗存的形制、布局与后世同类遗存，如明清时期京师的天坛相比较，发现坛的平面图前部像圜丘，后部像祈年殿方基。

就在他走后不久，在他称为"金三角"的喀左、建平、凌源三县交界处，一个方圆50平方公里的远古文化遗迹辉煌地展现在世人面前。

"牛河梁第二地点的祭坛除了圆形和露天两个基本特征以外，还有以下几点要特别提出，"郭大顺告诉笔者，"一是规模大，外圈直径22米，为东山嘴祭坛的近10倍；二是用料讲究，不同于诸多积石冢就近采用的灰岩和砂岩，而为远地运输而来的玄武岩石质，且都为五棱体石柱形，质地甚坚硬，色泽为统一的淡红色；三是构筑独特，坛界的砌筑方式为将石料立置而非通常石构建筑所用的平砌，形成如石栅的效果；四是结构严谨，坛体所起三层，层层有高起，略成台状；五是位置居中，就同一地点看，祭坛位于该地点所在山岗的正中，东西侧各布置两个积石冢。"

专门研究故宫建筑制度的于倬云先生看到现场后一锤定音：牛河梁的祭坛就是中国古代建筑三台的"鼻祖"！

祭祀遗存规范化，彰显红山先民崇拜礼仪制度化

西辽河流域惊现5000年前祭坛，令人喜出望外；更出人意料的

是，分别出土于辽西和蒙东的祭坛竟然在类型、结构、组合、布局等诸多方面高度一致。"这应是受某种固定思想制约的结果。"郭大顺告诉笔者：

"从类型上说，既有'坛庙冢'，还有祭祀坑。牛河梁第一地点和半拉山都发现了庙宇；东山嘴、草帽山和牛河梁都发现了坛形建筑；牛河梁第五地点和半拉山都有祭祀坑发现。而各地点都普遍有积石冢墓葬，在积石冢上也发现有祭祀迹象。

"从遗址结构上说，庙宇都为土木建筑，有木柱支撑的屋顶，室内有泥或陶塑人像；坛为石筑、坛面平铺石块，坛界以石垒砌，无覆罩，突出露天效果。坛的形状有方有圆，方形的两座较为随意，圆形的两座祭坛，边缘以经加工的石片或柱状石砌筑，形状十分规整，牛

● 曙色中的北京天坛

河梁第二地点祭坛还起三层圆。祭祀坑都为圆形，底铺碎石。文献多有'祭天圜丘'（《周礼·春官·大司乐（郑玄注）》）的记载，推测红山文化祭坛为祭天场所，庙宇因有泥塑人像，应为祭祖所在，祭祀坑则可能同祭地有关。

"从建筑组合上说，各种类型的祭祀遗迹都非孤立存在，而是成组合出现。牛河梁有庙与坛的组合；发现祭坛的东山嘴和草帽山也有草拌泥红烧土块建筑残块、陶塑或石雕人像残件发现，也应有庙坛组合；半拉山则为庙与冢的组合。此外，东山嘴、草帽山和牛河梁在以庙坛组合为主的同时，祭坛还常与积石冢并存，形成坛与冢的组合。且它们都有方与圆对比组合的特点。

"从布局上说，上述祭祀建筑群皆选址于山川之间和临川面山的高岗之上，建筑群的布置讲究方位。东山嘴、草帽山的建筑群都为南北向，圆形或近于圆形的祭坛位于南部，方形的积石冢或其他建筑址位于北部，为北部方形与南部圆形的布局，且方大圆小，又可依南北中心线分为对称的东西部分。半拉山虽在积石冢以南未发现祭坛，但在冢上发现的庙址也坐落在冢的北部近于正中部位。东山嘴庙宇残迹和草帽山较完整的石雕人像也都处在北部方形建筑址内，都在显示北庙南坛沿南北轴线分布的布局。恰好契合文献关于'祭天于南郊'（《汉书·郊祀志下》）的记载。

"在体现祭祀建筑的规范化方面，作为红山文化最高层次中心的牛河梁遗址最具典型性。牛河梁为一规模宏大的建筑遗址群，在占地50平方公里的诸多梁岗上，散布有40多个遗址点。其中，以第一地点的女神庙和第二地点的祭坛最为重要。女神庙虽然只有约75平方米，仍可分中心、两侧、前后等多室，室内有众多规模不等的泥塑神像，分别相当于真人的原大或二至三倍。第二地点的祭坛规模大，用料讲究，构筑独特，规格甚高，尤其是坛的位置恰在女神庙的正南部，南北相距不到千米，当也为北庙南坛的布局，它们共同构成牛河梁祭祀遗址群的主干，并将周围诸遗迹联系起来，从而形成以南北中轴线布局和将人文融于自然的大文化景观。"

"牛河梁北庙南坛的布局，表明祭祖与祭天是红山人主要，也是相互关联的祭祀活动，庙为祭祖，坛为祭天，体现出红山文化的宗教信仰已非孤立零散，而是趋向体系化。"郭大顺说。

"由祀而礼、由巫而王"是中国特色的文明起源之路

天文考古表明，中国上古时期已有天圆地方思想，并以太阳在冬至、春秋分和夏至的运行轨道按$\sqrt{2}$划分为大、中、小三层圆。牛河梁祭坛3个同心圆的直径分别为11米、15.6米和22米，3个数等比近于$\sqrt{2}$。

2017年，在新疆巴音布鲁克草原，考古人员又发现了一座约3000年前的祭坛。祭坛是一个用卵石混杂泥土建筑起来的巨大圆锥体，锥体外围修筑3道石围，构成3个同心圆，直径分别为50米、70.7米和100米。这3个数形成一个等比数列，等比也近于$\sqrt{2}$。

这一点，恰好与牛河梁发现的5000年前的祭坛"不谋而合"。这绝不是偶然的巧合，"礼莫大于敬天，仪莫大于郊祀"，从上古到明清，纵横数万里，横跨几千年，敬天法祖是中华民族最鲜明的胎记，一脉相承，代代相传。

1999年，经过两个半月发掘，考古专家在陕西师范大学体育学院操场南侧，挖掘出一座隋唐两朝皇帝祭天的祭坛。该坛初建于隋，唐朝沿用近300年，隋文帝杨坚、唐太宗李世民等21位皇帝都曾在此祭

● 新疆巴音布鲁克草原祭坛

● 西安祭坛

过天。

2006年，考古人员又在陕西凤翔县（今宝鸡市凤翔区）城南雍城，发现完整的国家大型"祭天台"，使用时长达700多年。多位秦国国君和西汉皇帝亲临此地主持大型祭祀。秦始皇22岁时，还在这里举行了国君成人加冕仪式。

在这些祭祀遗址中，为什么是西辽河流域"先行一步"，出现"天坛鼻祖"？这不能不让我们重新审视这片褐红色的土地——辽宁阜新查海遗址出土的近20米长石块堆塑龙，是迄今为止发现的最早的龙形遗迹，距今已有8000年，强有力地佐证着一个事实：龙出辽河源。与此同时，在离它不远的内蒙古赤峰敖汉旗兴隆洼遗址，考古学家发现了8000年前的小米，证明小米当时已经成为当地先民日常食用的谷物。

● 先秦雍城遗址

　　农业的发展并逐步取代传统渔猎，催生了红山文化发达的天神崇拜。"圣人以神道设教而天下服矣（《周易·观卦·象辞》），"张光直先生说，"与西方以发展生产和贸易、改造自然的'断裂性文明'不同，以中国为代表的东方，具有将世界分为天地人神等不同层次的宇宙观和通过沟通天与神以取得政治权力和财富的'连续性文明'。在这种类型文明的形成过程中，精神领域、思维观念往往得以超前发展。祭祀活动频繁，有序地推动了祭祀建筑的发达和礼的形成。"

　　"中华文明的起源，从发展机制上看是由巫师通神灵，由祖神通天神的机制；从结果上看是由神权诞生王权，由祭祀制度而发育成礼乐制度的成长道路。"红山文化学者、内蒙古赤峰学院于建设教授认为，"只是后来，随着国家的出现，社会秩序的掌控仅靠祭祀神灵来运作难以再实现，于是就产生了王权。这一点，从红山文化晚期半拉山墓葬出现整套带柄端饰石钺可以得到证明。与石钺同时被发现的还有人骨，人骨保存完好，但大部分缺失头骨。按《说文解字》解释：'钺，大斧也。'半拉山遗址出现了石钺，说明红山文化到最后时期告别了神权独尊的时代，走向了军权、王权时代。'国之大事，在祀与戎'（《左传·成公十三年》），'祀'与'戎'共同承担起管控社会的使命。"

红山文化时期的西辽河流域，既是"彩陶之路"的东端，又是"玉石之路"的起点，正是沟通东西方的"彩陶之路"与环太平洋"玉石之路"的交汇点，从而形成了东西方文化因素在这里的互动与交流。

红山文化是东西方文明碰撞出的火花

红山文化从被发现起，就因其鲜明的多元文化特色而被视为南北文化交汇产生的一种新文化。然而先前学界讨论较多的是有关红山文化与中原地区的南北交流，如今，越来越多的学者注意到红山文化与域外文化的交汇融合。日前，笔者就此采访了中国考古学会常务理事、辽宁省文物局专家组组长郭大顺，郭先生非常明确地告诉笔者："红山文化有东西方文明碰撞出的火花。"

专家早就注意到红山文化与域外的联系

早在东山嘴遗址发现的1983年，苏秉琦先生就将西辽河流域古文化与中原和欧亚大陆的文化交流相联系，他说："如果我们对这个问题能够给予理论的说明，那将意味着我们这门学科前进了一大步，表明我们掌握了解开长城地带古代文化发展脉络的手段，并且找到了联结我国中原与欧亚大陆北部广大草原地区的中间环节。"

● 苏秉琦先生最早注意到红山文化与外部世界存在文化上的互动与交流

1989年，在英国伦敦大学讲授中国考古学的汪涛先生考察牛河梁时，也曾提出从世界史角度研究红山文化的课题，认为有一些因素与西方有关，如石头建筑、神庙和人的塑像等，应该相互比较。

1994年，受世界银行环境保护项目组委托，剑桥大学研究员G.巴恩斯（Gina Barnes）、G.维特（Geny Waite）对牛河梁遗址所写项目评估中，将红山文化的女神塑像与埃及的相关文物相比较，认为其是规模最大的一批史前泥塑神像。

2013年，在上海举办的"世界考古·上海论坛"上，剑桥大学C.伦福儒（Colin Renfrew）教授在讲演中，将牛河梁遗址与土耳其哥贝克力石阵（Prominent examples are Gobekli Tepe）、英伦岛的巨石阵和布罗德加石圈（Stonehenge and Ring of Brodgar）、法国卡纳克石阵（Carnac）、秘鲁卡拉尔石丘（Caral）等遗迹相比较，认为其是国家社会形态出现之前公众集会的礼仪场所。

2013年8月，在赤峰红山文化研讨会上，北京大学严文明教授也从人像雕塑、石容器等因素的相似性，提出中国北方与欧亚大陆比较的可能性。

"彩陶之路"或为草原丝绸之路的前身

1993年，针对阿鲁科尔沁旗出土的一件彩陶罐，苏秉琦先生作了这样的阐述："在这里出土的红山文化彩陶罐，绘有来自中原的玫瑰花纹、来自中亚大陆的菱形方格纹和来自红山本土的龙纹等三种图案，是欧亚大陆汇合点迸发出的火花，这意味着五六千年以前，这里是西亚和东亚文化的交汇地带和熔炉。"

郭大顺先生也告诉笔者："我们在编写《牛河梁遗址发掘报告》时，曾对该遗址出土的彩陶图案做过归纳，发现牛河梁遗址的彩陶图案正好也可分为如上述阿鲁科尔沁旗那件彩陶罐上的三类图案：一是红山文化吸收仰韶文化玫瑰花图案而形成的勾连花卉纹，二是红山文化采用仰韶文化彩绘手法创造出的具有红山文化自身特点的龙鳞

勾连花卉纹 龙鳞纹 几何纹  其他

● 1993年3月26日：赤峰市阿鲁科尔沁旗出土的红山文化彩陶罐上同时绘有来自西亚大陆的菱形方格纹、中原地区的玫瑰花纹和中国北方的龙纹三种图案，这意味着五六千年以前，这里是西亚和东亚文化的交汇地带和熔炉

纹，三就是苏先生提到的具中西亚文化特征的各式连续几何纹。据初步统计，牛河梁遗址这类几何纹数量约占彩陶图案的1/3，这表明，红山文化受西部影响较深，且其已融入红山文化之中，成为该文化重要组成部分。"

"这种连续或棋盘格式分布的几何形彩绘图案，在内蒙古中南部地区史前文化中也有发现。由此可见，从欧亚大陆到辽西，似有一条由西向东的传播路线，或可称为'彩陶之路'。"郭大顺先生说，"有关古代东西方文化交流的通道，学界普遍认为，除从中原洛阳、长安出发向西的陆上丝绸之路外，还有海上丝绸之路和草原丝绸之路。'彩陶之路'或为草原丝绸之路的前身。"

红山玉器原料可能来源于贝加尔湖地区

在环太平洋地区古文化关系中，有关红山文化与东北亚地区古文化的关系，是其中的重要一环。近年来，学界多注意到东北亚史前玉器在东北亚文化交流中所表现出的线索。

1984年红山文化玉器刚公布时，台湾学者邓淑苹就曾提出，红山文化玉器玉料的来源可能与贝加尔湖有关：三星他拉村出土的、墨绿玉杂有黑色斑点的玉龙，很可能为西伯利亚地区所产的角闪玉。

1998年，在香港中文大学举办的玉器研讨会上，俄罗斯学者S.A.科米萨洛夫、日本学者加藤晋平等都介绍了贝加尔湖地区史前文化中的玉器。那里用玉历史甚早，而且以璧、环、玦等环形玉为主，有的玉璧，形近方圆，内外缘薄，很具红山文化玉璧特征。

红山文化与贝加尔湖地区文化关系的进一步证据，来自日本学者藤田富士夫对兴隆沟遗址M4人头骨左眼眶内嵌1件玉玦与贝加尔湖地区史前文化中同样实例的比较，他还联系牛河梁遗址女神头像嵌玉片为睛的做法，认为辽西地区史前文化与贝加尔湖地区史前人类有着相近的"以玉示目"的习俗。

西辽河流域是环太平洋玉文化圈的起点

"史前玉器所表现的包括东亚地区在内的环太平洋地区的文化关系，以查海、兴隆洼等遗址玉器向东和向南的传播更为引人关注。"郭大顺先生说。

兴隆洼—查海时期辽西史前文化所见的玉玦和玉匕形器的传播路线，向东一路，在日本海东岸的福井县桑野遗址有同样组合玉器出土，但时间略晚；向南，燕山以南的天津蓟县（今蓟州区）牛道口、太行山西侧的涞源北福地都有玉玦和玉匕形器同一组合出现，到山东省的小荆山也出有玉玦，时间也略晚，可视为兴隆洼、查海玉器南下所经之地，所以距今六七千年间长江下游河姆渡及马家浜、崧泽大量玦的出现，应与辽西史前文化玉器的影响有关。再向南，到我国华南、我国台湾，菲律宾、越南等地，都有时代较晚的玉玦出土，形成一个"玦文化圈"。

台南艺术大学黄翠梅、叶贵玉认为："环太平洋有三大玉文化圈，即东亚、中美洲和南太平洋岛屿。这三大玉文化圈中，以东亚玉文化圈时间最早，延续时间最长，其他两个玉文化圈，可能受到东亚玉文化圈的影响而形成。而在东亚玉文化圈中，又以西辽河流域的兴隆洼文化时间最早，红山文化时期最为兴盛，对周边地区影响也最大。西辽河流域是环太平洋玉文化圈的起点。"

由此可见，红山文化时期的西辽河流域，既是"彩陶之路"的东端，又是"玉石之路"的起点，正是沟通东西方的"彩陶之路"与环太平洋"玉石之路"的交汇点，从而形成了东西方文化因素在这里的互动与交流。

这是中国迄今为止发现年代最早、形体最大的龙的形象，为辽河流域龙的起源、龙文化形成增添了新的佐证，为中华民族"龙的传人"找到了新的源头。

辽西小山村飞出"中华第一龙"

中华民族被称为"龙的传人"，那么，最早的龙出现在哪里？目前考古学界比较一致的看法是：距今8000年前的辽宁阜新查海遗址出土的近20米长的石块堆塑龙，是迄今为止发现的最早的龙。

笔者慕名来到查海遗址，发现除"石堆塑龙"在地上建有简易的复原展示和保护设施外，其余房址、窖穴、壕沟、墓葬、祭祀坑等遗迹，都于1994年做了回填保护，遗址区内可观赏的东西很少。

查海遗址博物馆馆长告诉笔者，为了让8000岁的中华龙尽早与游客见面，阜新市启动了遗址保护与展示工程的立项申请工作，得到了国家有关部门及社会各界的广泛关注和支持。

1982年5月，在阜新蒙古族自治县沙拉镇查海村西南2.5公里扇面台地上，考古专家发现一处8000年前先民生息繁衍的文化遗址。此后，经过7次挖掘，考古人员又在其中7800平方米的范围内，发掘出原始房址55座。房址密集有序，排列成行，方向一致，呈方形圆角半地穴式，直接劈凿于花岗片麻岩上，是人类从定居到形成村落的开始，因此被誉为"中华第一村"。

遗址是个完整的中心聚落，面积达1万多平方米，从房址大小、

● 阜新蒙古族自治县沙拉镇查海村因发现了"第一龙"而被誉为"中华第一村"

● 查海遗址博物馆

布局、房址内遗迹和出土遗物均可见社会开始分化的迹象。55座房址中，小型房址面积30平方米以下，中型房址面积30—60平方米，大型房址面积61—100平方米，特大型房址100平方米以上，9号房址达107平方米。46号房址面积达157平方米，并在其中出土了最大的一个石铲，是普通石铲的两倍，与周围房址相比，这里绝非一般性质的居室，应是聚落中最高层次者居住的地方或是聚会议事的公共场所。

尤其值得一提的是，在聚落址中心，专家发现了一条距今8000年的用红褐色砾岩摆成的堆塑龙。这条龙长19.7米，宽1.8—2米，龙头、龙颈、龙体、龙鳞、龙爪、龙尾等摆放分明，石块排列有序。龙的前身

● 阜新查海石堆塑龙

新石器时代　石堆塑龙（摹本）辽宁省文物考古研究所绘

宽大，石块较多、较厚，身体前部下方用石块堆砌出像足又像云雾的衬托物。由头、身体向尾部逐渐变薄、变少，尾部更加松散细小。头朝西南，尾向东北，昂首、张嘴、屈身、弓背，尾部若隐若现，给人一种腾云驾雾之感。经专家考证，这是中国迄今为止发现年代最早、形体最大的龙的形象，为辽河流域龙的起源、龙文化形成增添了新的佐证，为中华民族"龙的传人"找到了新的源头。

查海遗址发现后，引起了国内外考古学界的高度重视，1991年，我国著名考古学家苏秉琦先生欣然为查海遗址命笔："玉龙故乡，文明发端。"1992年9月4日，阜新查海遗址博物馆正式开馆。1996年，查

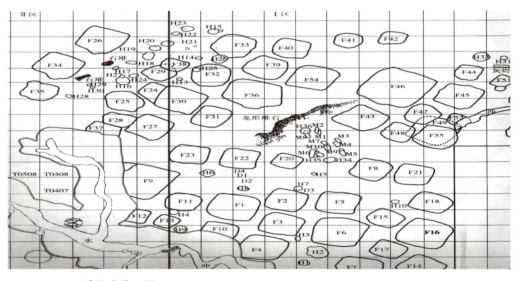

● 堆塑龙位置图

海遗址被国务院公布为第四批全国重点文物保护单位。

　　阜新是2001年国务院确定的全国唯一一个资源枯竭型城市经济转型试点市，经过多年的艰难转型，已经取得了很大成就，但全市的财力依然十分有限。

　　遗址保护性设施建设工程主要包括三个方面：一是对遗址破坏较严重的冲沟进行加固，完善排水设施，最大程度地防止水土流失对遗址造成的破坏。二是建保护与展示大棚，拆除现有石堆塑龙展示设施，在不破坏遗址本体的前提下，新建保护大棚，对遗址进行覆罩展示，让8000岁的中华龙与观众见面。三是更换标准围栏，对目前遗址范围内的已征用地设置标准围栏，进行封闭管理，确保遗址遗迹不受人为破坏。

5000多年前，红山先民围绕牛河梁建造了规模宏大的坛、庙、冢等祭祀建筑址，那么他们居住在哪儿、生活状况如何？这是一个多年来悬而未决的问题，不仅困扰了考古专家多年，也直接影响了红山文化研究的进程。笔者从辽宁省文物考古研究院（省文物保护中心）了解到：在距离牛河梁遗址仅仅6.5公里的上朝阳沟村，发现了一处大型红山先民的聚落遗址。

"红山先民住在哪"找到了

——考古新发现颠覆了以往许多固有认知

上朝阳沟遗址地处牤牛河支流东岸，东距牛河梁遗址约6.5公里，面积约12万平方米，是目前牛河梁遗址周边地区调查发现的面积最大的遗址，考古人员实际勘探面积大约10万平方米。通过考古勘探，考古学家发现了27座房址。根据勘探情况分析，这些房址平面近似"凸"字形，为直壁、平底的半地穴式房屋，建有长门道。

这一新发现连同先前的发掘成果，不仅丰富了红山文化考古，同时也颠覆了以往许多固有认知，让红山文化研究更进一步。

新认知一：9座石砌护坡组成建筑群，说明红山先民社会动员能力强大

牛河梁红山文化遗址位于辽宁省凌源市和建平县的交界处，第一地点位于牛河梁遗址中心位置的一座海拔最高的山梁上，最高点海

拔672米。第一地点1983年首次发现，经过考古工作确认，这一地点共有4座建筑址，其中1号建筑址"女神庙"经过试掘，根据保存的建筑基础、建筑构件以及大量泥塑残件，初步确定这座建筑是红山先民用于祭祀的"庙堂"。

牛河梁女神庙

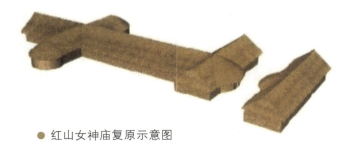

● 红山女神庙复原示意图

3号建筑址位于遗址的东部，是一座半地穴式建筑，出土了大量的折沿筒形器残片，其中大部分可以修复。4号建筑址位于第一地点东北部，初步可以确认是一座有柱洞和地面灶的大型半地穴式建筑。2号建筑址是第一地点面积最大的遗迹，总面积约4万平方米。早期的考古研究认为，2号建筑址是由3座山台式建筑构成的"品"字形建筑群遗迹，经新的考古发掘初步确认，这里是由9座石砌护坡台基建筑组成，总面积达十余万平方米。

红山文化研究专家、省文物考古研究院（省文物保护中心）名誉院长郭大顺表示，发现的石砌护坡也能起到"墙"的作用，从这个角度看，我们可以讲牛河梁第一地点就是一座城。

此外，考古人员在3号台基上发现了与祭祀活动相关的遗迹、遗物。垫土层中出土的大型彩陶缸、彩陶盆（盖）、筒形罐、灰陶钵、圆陶片组合有可能是《周礼·春官宗伯·大宗伯》中记载的与"裸礼"祭祀行为相关的器物组合。

新认知二：遗址从90余处增至500余处，红山文化横跨三省区20万平方公里

围绕红山文化，辽宁省考古工作者孜孜以求。在对东山嘴、胡头沟、牛河梁、半拉山等红山文化遗址和墓地进行考古发掘的同时，自2017年起，考古工作者连续开展了红山文化专项考古调查工作。调查数据显示，截至2022年，辽宁红山文化遗址和墓地数量已从过去90余处增加至500余处。红山文化有着广袤的分布区，在西辽河流域、大小凌河流域、滦河流域及周边地区均有发现，行政区域涉及辽宁、内蒙古和河北三省区。这说明，在距今五六千年前，红山先民就已经活跃

在这片横跨三省区，共计20万平方公里的丰饶土地上。

依据考古调查采集到的遗物特征，考古人员将调查发现的红山文化遗存分为"生活居住址"和"墓地"两种。生活居住遗址采集陶器种类较为丰富，陶质包括夹砂陶和泥质陶，夹砂陶器主要有筒形罐，泥质陶器包括钵、壶、瓮等。石器中细石器数量丰富，还包括个体较大的石耜、石斧、石刀、石磨棒等。虽然调查发现的生活遗址数量较多，但是遗址规模普遍较小，应该与区域内缺乏形成超大型聚落的自然环境条件有关。

墓地主要分布在老哈河上游、大凌河上游、青龙河流域，采集遗

红山文化重要遗址分布图

红山文化重要遗址分布图（摄于辽宁省博物馆）

物种类相对单一，主要为筒形器、塔形器等祭祀陶器残件。现有调查材料显示，大凌河上游牛河梁遗址周边区域红山文化墓地数量多，分布密度高，并且有女神庙、大平台这样超大规模的礼仪性建筑，说明该区域是红山文化晚期的宗教仪式圣地。

新认知三：出土人骨测定显示以食谷物为主，说明红山先民从渔猎走向农业定居

红山文化早期的先民有着怎样的生活状态？他们的"村落"是什么模样？考古人员以位于辽宁朝阳建平地区的马鞍桥山遗址作为研究样本，经过多年科学系统、认真细致地发掘，给出了一个较为完整的答案。

马鞍桥山遗址位于朝阳市建平县太平庄镇石台沟村的一处山坡上，是一处集居住、祭祀、墓葬于一体的红山先民聚落址。五六千年的沧桑岁月并未对这处遗址改变太多。站在发掘现场，环视四周，远处山梁纵横，交错不一；山脚下，老哈河的河水潺潺流淌，昼夜不息。可以看得出，几千年前，红山先民特意选择了这处依山傍水、可以遮蔽风寒的有利地势来作为他们的"村落"。

在一个大型祭祀坑内，考古人员发现了整套的农业工具，其中包括播种用的石耜（犁）、收割用的石刀、加工谷物时使用的石磨盘和石磨棒。一件涂有红色颜料的石耜也一并出土。由此可见，这些农业工具是专门用于祭祀活动的。

这一发现表明，红山先民除了对具象的神明（牛河梁女神庙）、祖先（积石冢）进行祭祀，还对生产活动进行祭祀，这是对红山文化祭祀对象认识的新突破。

● 红山先民生产
场景复原图（图片来
源于牛河梁女神庙
展示馆）

此外，考古人员在对房址内的人骨进行科学检测后发现，马鞍桥山遗址的红山先民以食用谷物为主，再结合出土的成套农业工具，说明6400年前的红山先民已开始农业定居生活，打破了"红山先民以捕鱼与狩猎相结合方式生活"的认识。

选择依山傍水的山坡定居、从事农业生产、举行祭祀活动，红山先民——我们的祖先的生活方式以及他们的精神世界，随着考古发掘工作的深入开展正逐渐变得具象而丰满。辽宁省文物考古研究院（省文物保护中心）副院长李新全告诉笔者，通过这次考古勘探以及下一步的发掘工作，我们可以进一步明确上朝阳沟遗址的房址结构及聚落布局，填补牛河梁遗址周边地区大型聚落址发现与研究的学术空白，为继续寻找红山文化其他大型聚落址提供参考资料，从而为最终探讨"多元一体"中华文明起源研究的红山模式提供实证材料。

旧石器时代晚期，以辽河流域为中心的一片，文化发展走到前列，从而为辽河流域新石器时代文化的前导地位奠定了基础。8000年前阜新查海玉器以及其后红山文化"坛、庙、冢"的发现，是辽河流域前导地位最有力的证明。

——苏秉琦

辽西古廊道：辽河文明"先行一步"的"地理枢纽"

从20世纪70年代以来，考古人员先后在丹东宽甸和抚顺李石寨发现了带有"元年丞相斯造"字样铭文的铜戈及带有"相邦吕不韦造"铭文的铜矛。李斯和吕不韦都是秦王朝的重臣，二人监制的兵器怎么会出现在几千公里之外的辽东？

2016年6月29日，渤海大学东北亚走廊研究院与辽宁省博物馆等共同举办了"东北亚走廊与丝绸之路"研讨会。会上，原辽宁省博物馆馆长王绵厚捧出了自己20余年的心血之作——《中国东北与东北亚古代交通史》，书中详尽论述了我国东北与东北亚地区，从上古时代至清王朝海陆交通发轫、发展和繁荣的过程。

"从浑河流域的抚顺发现秦早期吕不韦矛，到浑江支流半拉江流域宽甸发现李斯戈，这说明，在燕秦时期，特别是秦统一后不到20年时间内，短暂的秦朝在辽东长城戍边和'戍边道'存在无疑。"王绵厚说。

辽西古廊道牵起历史隧道一串明珠

孟子曰："山径之蹊间介然，用之而成路，为间不用，则茅塞之矣。"

"从近万年的文明起步开始，东北亚古代交通文化经历了'自然交通''部族交通'和'社会交通'三个历史阶段。"王绵厚介绍。所谓"自然交通"，是指从旧石器时代起，为满足生存需要和趋利避害，原始人以群体或个体的形式，完全依托自然山川地理的往来、迁徙。所谓"部族交通"，是进入新石器时代以后但还未形成文明国家时期的各部族，基于其农业、渔猎和游牧等不同经济文化类型的人群，以带有固定聚落或聚邑形式，并产生了原始交通工具（如野马的驯养）后形成的部落交通文化往来。所谓"社会交通"，是指进入历史时期的文明国家后，以交通设施（如道路、关隘、桥梁）、交通工具（如车、马、船）和交通制度（如律令、传驿、管理）等为代表的，具有成熟社会人文意义的社会交通文化。

"传统的辽西概念是指燕山山地以北，西拉木伦河以南，医巫闾山以西和七老图山以东的区域。依现在的行政区划，包括辽宁西部朝阳、阜新、锦州、葫芦岛市，内蒙古东部赤峰市和河北省东北部承德市。这一区域处于辽、蒙、冀三省交界，域内有西拉木伦河、老哈河、大凌河、小凌河和青龙河等，有东北—西南走向的努鲁尔虎山和松岭两大山系，水系和山脉交错，形成东北—西南走向的河谷谷地，成为天然的交通廊道。"渤海大学东北亚走廊研究院院长崔向东说，"恰恰在这一区域，出现了辉煌的兴隆洼文化、赵宝沟文化、红山文化、小河沿文化直到夏家店下层文化，时间跨度为距今8000年至3000年。

在这5000年间，这几种文化在地域范围上基本相同，在文化内涵上也表现为一定的文化承继关系。"

而被誉为"东方文明曙光"的牛河梁遗址，恰好处于红山文化分布区四通八达的中心部位。著名考古学家、辽宁省文物保护专家组组长郭大顺告诉笔者，牛河梁遗址所在的辽西努鲁尔虎山谷一带，向北沿老哈河河川可通往内蒙古赤峰并继续向其以北的广大蒙古草原深入；向南顺大凌河南部支流，可抵达渤海海滨；向东沿大凌河通向朝阳和阜新地区，更可直达辽河西岸；向西沿大凌河西部支流经河北省承德地区，并越燕山山脉直下华北平原。牛河梁遗址之所以选择在这种具有地理优势的位置，显然与充分发挥和延伸最高层次中心邑落的汇聚力和控制力有很大关系。而这，恰恰促成了辽河文明在中国文明史上"先行一步"。

红山文化在不断融汇交流中达到顶峰

"辽西古代文明的最早出现，首先由其内部发展所决定，但也不能忽视与外部不同文明的交流碰撞这一外部动力。不同文明的交流是文明发展的动力，而交通在文明起源和社会发展中起着极其重要的作用。"崔向东说。

器物是文化交流的载体，也是文明发展的见证。赵宝沟文化是继兴隆洼文化之后、红山文化之前，在西辽河流域取得支配地位的远古文化。在此出土的一件陶尊上，出现了由猪龙、鹿首和神鸟组合而成的图案。"这三种图案同时出现在一件器物上，具有深刻的历史内涵。"崔向东告诉笔者，"一般认为，神鸟是赵宝沟文化先民的图腾，飞鹿是富河文化先民的图腾，猪龙是红山文化先民的图腾，三者集于一体，反映了这一时期不同族属的人群在辽西的文化融合。"

在红山文化分布区，辽西古廊道的作用显而易见。崔向东举例说，兴隆洼文化、红山文化出土了大量精美玉器，而玉料来源却不在当地，而是辽宁岫岩，甚至有专家称其来源于遥远的贝加尔湖；在夏家店下层文化发现众多的贝、蚌装饰品，也应该来自百余公里之外的沿海诸部族。

通过这些廊道，辽西地区内部联系日益密切。在外部，古廊道将东北与中原紧密联系起来。王绵厚老先生告诉笔者：在燕山南北、上辽河流域，距今5000年前后，从中原河南，山西陶寺、东下冯等"夏墟"，经汾河北上跨越燕山、连接桑干河流域，进入辽河上游的老哈河和西支大凌河的古代辽西交通"文化走廊"开启于考古学上"仰韶—红山"和"夏墟—夏家店下层文化"的"古国"至"方国"时期，也是中国北方和东北亚古代交通的文化奠基期。它的"交通文脉"持续发展在以后数千年的东北亚各个历史时期交通地理和交通文化的演变中。

四大古廊道促成中华民族和中华文化多元一体

一般说来，交通走廊应具有地理和文化两层含义。辽西古廊道多沿河谷而行，历史上众多民族起源或迁徙于此，因此，辽西古廊道自其形成开始便是名副其实的沟通东北与中原的地理、民族和文化廊道，而且一直发挥着重要作用。

据崔向东介绍：早在舜、禹时代，远在东北的古老民族肃慎即已与中原有了联系；一直到武王克商，肃慎氏贡楛矢石砮；成王建成洛邑，肃慎派人朝贺，走的都是辽西古廊道；春秋时期，齐桓公伐山戎、孤竹和屠何等，齐军越过燕国，由无终经河北迁安或卢龙县进入青龙河，进而进入大凌河，进抵山戎腹地，击败山戎，走的也是上述古廊道。

"短暂立国的秦代在中国东北和东北亚历史上，具有国家意义的重大史事，当首推秦始皇秦二世父子两代的陆路东巡。"王绵厚进一步介绍：公元前215年，秦始皇首次东巡，"之碣石（位于今辽宁绥中），使燕人卢生求羡门、高誓。刻碣石门"，公元前209年，二世胡亥"东行郡县，李斯从……遂至辽东而还"。

20世纪60年代至80年代，在河北秦皇岛和辽宁绥中万家镇发现了秦始皇东巡"行宫"遗址。出土的秦代巨型夔龙纹大瓦当，堪比咸阳阿房宫的建筑构件。"行宫"正南数百米，正面对海中3块耸立礁石，是为史书记载秦始皇东巡的"沧海碣石"。

"碣石"西去1500米的"黑山头"，在凸出海岸的一个约5000平方米的海岬平台上，有三重汉代建筑址，是为继秦始皇之后，汉武帝

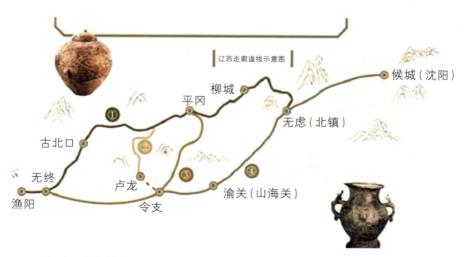

辽西走廊道线示意图

候城（沈阳）
柳城
平冈
无虑（北镇）
古北口
无终
渔阳
卢龙
令支
渝关（山海关）

● 《辽宁日报》制图

再次东巡所建的"汉武台"。

东汉末建安年间，曹操策马辽西白狼河，大破三郡乌桓后凯旋，路过碣石，写下千古名篇《观沧海》。此后，直到辽金时期辽西傍海道开通以前，辽西古廊道一直发挥着"文化大熔炉"的作用。

费孝通先生在论及中华民族多元一体化时说："一条西北走廊，一条藏彝走廊，一条南岭走廊，还有一个地区包括东北几省。倘若这样来看，中华民族差不多就有一个全面的概念了。""从历史时期的地理环境、民族分布与迁移、文化交流等方面考察，费孝通所谓东北地区的走廊应当是'辽西古廊道'。"崔向东说。正是东北与中原民族之间的迁徙、交流和融合，使东北诸民族不断融入汉族，成为中华民族的一员；正是由于上述这些廊道在地理空间上将中原与西北、西南、东南和东北紧密联系起来，通过不断的民族迁徙融合、文化碰撞交流，中华民族才实现了更高层次的多元一体。

> 关于小米的起源，一直都有同时起源于东方和西方的说法，甚至，在欧亚大陆地图上，专家标注出的欧洲早期小米出土遗址点还多于亚洲，这些发现长期支撑了小米的西方起源说。最权威的检测结果显示：黍和粟这两种小米都起源于中国北部，后向外传播。

小米的"故乡"在中国

● 植物考古学家赵志军

关于小米的起源，历来都有一东一西两种起源地之说。"时至今日，经过植物考古和基因考古双重证明，我们终于可以说，小米起源于中国北方。"

在辽宁师范大学召开的一次学术研讨会上，中国社科院考古研究所科技考古中心主任赵志军说，"考古证据显示，至迟在距今4500年前，栽培的黍已从中国北方传播到了中亚地区，并继续向西传播最终到达欧洲；至迟在距今4000年前，粟已经传播到了东南亚和南亚地区"。

西辽河流域发现7600年前小米

考古学意义上的小米，包括粟和黍，即谷子和糜子（去皮后称黄米）。"相对稻作农业的起源研究，以种植粟和黍两种小米为代表的北方旱作农业的起源研究比较薄弱。一是因为粟和黍属于小杂粮，在

● 中国北方旱作农业的主体农作物——粟和黍，即现代人称的"谷子"和"糜子"

粮食生产与消费中所占比例极小；二是因为缺乏考古出土的早期小米遗存。"赵志军说，"21世纪以来，由于'浮选法'的普遍使用，我国出土了大量的早期小米遗存，为探讨小米起源提供了实物依据。"

由于炭化物质比一般土壤颗粒轻，密度略小于水，因此考古专家将灰坑、房址等部位采集的土样放入水中，使炭化的植物颗粒浮出水面。通过这种"浮选法"，考古专家在地处努鲁尔虎山北麓、科尔沁沙地南缘的兴隆沟遗址，浮选出了1400多粒炭化植物种子。

兴隆沟遗址是目前我国全面发掘并保存最完整、年代最早的8000年前原始村落，被考古界誉为"中华远古第一村"，出土了目前所知中国年代最早的玉器、玉玦，是红山文化的直接源头，是西辽河文化与黄河文化平行发展，人类起源多元一体的见证。

赵志军将该遗址出土的四份炭化小米样品分别送至中国的北京大学、加拿大的多伦多大学和日本的国立历史民俗博物馆进行加速

● 兴隆沟遗址浮选出土炭化黍粒

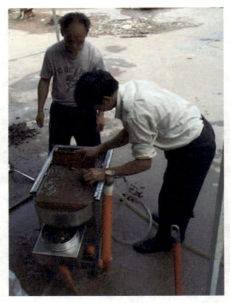

● 考古人员利用浮选法提取炭化黍粒

器质谱（AMS）测年，"结果几乎完全一致，四个数据的平均值是6800±35 14C BP，校正年代为距今7670—7610年"。

● 田野考古中的赵志军

"这是目前欧亚大陆上所发现的具有直接测年数据的最早的小米遗存，比欧洲地区发现的种植谷子早2700年。"赵志军说，"这表明，在距今8000年前后的兴隆洼文化时代，小米已经成为当地人日常食用的谷物。"

史前时期小米已传播到欧洲和印度

英国剑桥大学教授马丁·琼斯多年致力于世界农耕文明研究。2003年，兴隆沟遗址发掘刚刚结束，他便带领团队来到中国。如今，20余年过去了，马丁·琼斯教授与赵志军以及美国圣路易斯华盛顿大学的刘歆益合作的"黍和粟的起源与传播"课题，曾荣获上海世界考古论坛考古研究成果奖。

"通过实验室培育、同位素研究、考古资料对比的三位一体研究方法，已经获得了非常有力的证据，可以证明无论在日本还是欧洲，当地的小米都来自中国北部，欧洲的原始品种均是在兴隆沟出土的炭化小米，并在其所属年代的2000年之后从中国传播过去的。"在内蒙古敖汉召开的世界小米大会上，马丁·琼斯说。

在此之前，关于小米的起源，一直都有同时起源于东方和西方的说法，甚至，在欧亚大陆地图上，专家标注出的欧洲早期小米出土遗

● 马丁·琼斯等专家在中国小米产地内蒙古敖汉旗考察（图片来源于敖汉旗博物馆）

址点还多于亚洲，这些发现长期支撑了小米的西方起源说。

"经过最新技术检测，考古界最终确认欧洲遗址点出土的早期小米年份多在距今3500年至4000年之间。"赵志军告诉笔者。最权威的检测结果显示：黍和粟这两种小米都起源于中国北部，后向外传播。

"欧亚草原是世界上最宽广的一个草原地带，也是最早贯穿欧亚大陆的道路。这条通道在史前就非常活跃。"赵志军告诉笔者，"我国的小米主要是从草原通道，经过畜牧民族世世代代的接力传播，最终到达欧洲。同时，也由我国北方向南传播，最迟在距今4000年时到了泰国和印度。"

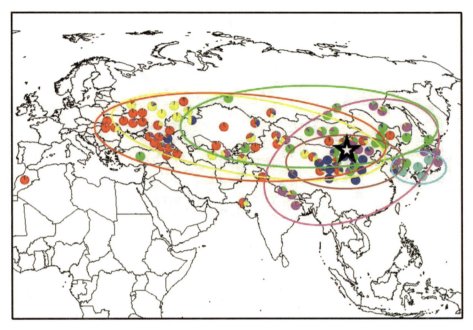

● 基因考古的初期结果显示，黍的起源地可能有一东一西两个，但进一步的证据显示，世界上分布的所有栽培黍都来自中国北方这一个起源地

小米虽小但应对极端气候或更有优势

"过去十余年间，我国已先后有200余处考古遗址开展过浮选工作，采集并浮选了上万份土样，从中获得了大量的炭化植物遗存，从而为探讨中国古代农业的形成提供了直接的实物资料。"赵志军对笔者说。考古出土小米的形态特征变化规律揭示，小米的驯化经历了一个漫长的过程。

据赵志军介绍，常见的黍属植物的种子一般为长扁形、腹部扁平、背部微隆，长度在1毫米左右。现代黍的谷粒为圆球状，直径在2毫米左右。兴隆沟遗址第一地点出土的炭化黍粒呈长圆形，粒长和宽的平均值分别是1.6毫米和1.2毫米。由此不难看出，兴隆沟遗址出

● 小米的故乡——内蒙古敖汉旗（图片来源于敖汉旗博物馆）

土黍粒的形态特征和尺寸大小明显有别于野生的黍属植物种子，与现代黍的谷粒也不同。"根据现代样品的对比和分析，我们推测粟和黍这两种小米在这个时期正处于从野生向栽培的驯化过程中。"赵志军说。

综合多年研究成果，赵志军向笔者描绘了小米的"成长路线图"：距今1万年以前，在中国北方地区的一些山前谷地中，尚处在半定居状态的采集狩猎小群体开始耕种粟和黍这两种小米，这预示着农业的出现；距今8000年前后，以种植粟和黍两种小米为特点的旱作农业开始普遍出现在中国北方地区，但当时的生业形态在总体上仍然是以采集狩猎为主；进入6500年前后的仰韶文化早期，北方旱作农业

● "禾"字的演变

发展速度加快，已经取代了采集狩猎而成为仰韶文化分布范围内的经济主体；距今4000年前后，西来的小麦取代小米，逐步成为北方旱作农业的主体农作物。

"栽培作物的出现是环境、植物和人三种因素相互作用的结果。红山文化区域之所以会出现最早的小米，首先和这一区域的环境密不可分。"赵志军说，"西辽河上游地区的地貌环境多样，有山地、河谷、草原、荒漠以及黄土丘陵等一系列截然不同的地貌景观，并且此地区还处在暖温带半湿润气候向中温带半干旱气候的过渡带上，因此当地的农业区以旱地为主。另外，由于受科尔沁沙地的影响，西辽河上游地区生态环境脆弱且多变，这样的环境只有生命力特别顽强的植物才能生长。"

"粟和黍虽然属于小杂粮，在粮食中所占比例较小，但因其耐旱、耐贫瘠，生长期短，对土壤的肥力要求很低，在未来应对极端气候时或许更有优势。"赵志军说。

以血缘为纽带的祖先崇拜是中国人信仰和崇拜礼仪的主要形式，牛河梁女神庙是中国迄今发现最早的祭祖宗庙。

8000年前阜新查海遗址的堆塑龙是迄今发现最早的龙，源于关中盆地仰韶文化的"花"与来自辽河流域"龙"的结合，是中国人自称为华人和龙的传人的历史渊源。

王国维释"礼"字的初型为"以玉事神"，红山文化"唯玉为葬"的习俗和祭祀礼仪的制度化，是礼起源于史前时期最为典型的证据。

明清时期北京的天坛、太庙与明十三陵的排列，与牛河梁庙坛冢以中轴线南圆北方左右对称的布局一脉相承，影响至今。

为什么说红山文化是中华古文化的
"直根系"

从1935年红山后遗址正式挖掘算起，红山文化的发现与研究至今已经经历了90年。90年来，随着红山文化的考古发现一次又一次震惊世界，红山文化研究有哪些突破？在辽宁师范大学召开的"红山文化与中华文明协同创新中心建设学术报告会"上，笔者采访了著名考古学家，先后主持了东山嘴、牛河梁等红山文化重要遗址考古挖掘工作的郭大顺先生。

"以牛河梁规模宏大的坛庙冢遗址群为中心的红山文化，是中华五千年文明的一个实证已经取得共识。需要进一步讨论的问题是：在中华五千年文明起源过程中，神权发达的红山文化是区域性的'个例'，还是具有代表性和全局性的文化源头？是'自消自灭'的'断裂

● 沿中轴线左右对称依次铺排建筑理念从5000年前的红山文化就形成了，一直绵延至今，北京中轴线是其典型代表

性文明'，还是与中华传统一脉相承、对后世产生过巨大影响的'连续性文明'？"一向出言谨慎的郭大顺先生进一步告诉笔者，经过几代人的努力，现在我们终于可以说：红山文化是中华古文化的"直根系"。

高度发达的祖先崇拜是红山文化作为中华古文化 "直根系"的一个主要实证

"直根系"是著名考古学家苏秉琦在20世纪80年代红山文化考古新发现刚露头时，就明确提出的概念。所谓"直根系"，即红山文化在中华文明发展史上的源头地位。它不仅具有初级文明诞生的基本要素，还在中华文化发展史上起到了"承上启下"的关键作用。

敬天法祖是中华民族千百年来一以贯之的传统。随着牛河梁女神庙及围绕女神庙的积石冢和祭坛以及牛河梁以外诸多遗存陆续被发掘出来，我们对牛河梁遗址所具有的祖先崇拜的内涵和发展程度的认识也在不断加深。大量的考古材料证明，红山文化已进入高度发达的祖先崇拜阶段，而作为红山文化中心的牛河梁女神庙已是宗庙或其雏形。

郭大顺说："以血缘为纽带的祖先崇拜是中国人信仰和崇拜礼仪的主要形式，也是中国文化传统的根脉。河南安阳殷墟西北岗王陵区内上千座祭祀坑和卜辞中对先公先王各类祭祀礼仪的记载表明，商代的祖先崇拜十分发达，为国家重典，礼繁而隆重。在目前所知的史前文化中，只有五千年前的红山文化与之有较为紧密的衔接。红山文化作为中华古文化'直根系'，发达的祖先崇拜是一个主要实证。"

老一辈史学家顾颉刚、翦伯赞、傅斯年都曾有商文化起源于渤海湾或东北之说。著名考古学家苏秉琦在红山女神像出土后，更是明确指出："'女神'是由五千五百年前的'红山人'模拟真人塑造的神像（或女祖像），而不是由后人想象创造的'神'，'她'是红山人的女祖，也就是中华民族的'共祖'。"

"唯玉为葬"的习俗及祭祀的规范化制度化是礼起源于史前时期最为典型的证据

通常来说，文明起源有三个标志——文字、金属和城市，但这是西方的标准。著名历史学家张光直不这么看。他认为：中国文明起源具有与西方不同的特点——西方是以技术和贸易改造自然的"破裂性文明"，而以中国为代表的东方是通过人与神沟通达到人与自然和谐

● 敬天法祖是绵延五千年的中华文明传统，北京天坛是明清两代皇帝"祭天""祈谷"的场所

● 北京天坛圜丘

的"连续性文明"。

　　"通过巫术进行天地人神的沟通是中国古代文明的重要特征。"郭大顺介绍,"早在20世纪80年代东山嘴遗址发现时,苏秉琦就敏锐地察觉到,这个遗址虽然规模不大,但选址在面对河川和大山山口的高岗、布局为以中轴线南圆北方左右对称,完全不同于诸史前文化,却与后世建筑特别是礼仪性建筑的布局相近。"

　　1983年7月,苏秉琦亲临辽西考察东山嘴遗址期间,已谈到五千年文明起源甚至五帝传说,紧接着就将红山文化祭祀建筑的功能与文献记载的中国古代帝王祭祀的禘、郊、燎相联系,又有红山文化坛庙冢类似于明清时期北京的天坛、太庙与明十三陵的提法,都是把红山文化建筑址(也包括墓葬和随葬品)的规范化和祭祀礼仪制度化视为中国传统祭祀礼仪的源头所在,当然也可理解为红山文化是中华古文化"直根系"的又一个重要证据。

牛河梁诸遗址点虽然分布在50平方公里的多山岗丘陵地带，但"庙台"在多道山梁的主梁最高处，多处"冢坛"位于"庙台"四周，其间似有一条无形的轴线，牛河梁诸地点，特别是较大的积石冢和有冢坛组合的遗址点都集中分布在轴线两侧。特别是牛河梁起三层台阶的祭坛和积石冢，堪称中国古代建筑三台的"鼻祖"，与北京天坛的圜丘如出一辙。所以苏秉琦才说，"从牛河梁庙与墓组合的演变和冢和坛的结构，红山文化都已体现出后世中国建筑传统的特点，为其渊源之所在"。

"红山文化玉器大都有高度抽象化的同时又高度规范化的特点，我们曾提出当时应有思想观念的制约，是为红山文化玉器造型规范化背后所反映的社会关系和思维观念的制度化趋势。"郭大顺介绍，"同玉器规范化和制度化有关的，是红山文化特殊的埋葬习俗，其中最重要的一个现象是唯玉为葬。这里要特别提到动物形玉中的龙和凤题材，红山文化玉器中的龙凤造型都已定型化，玉雕龙与商代玉龙在造型上的一脉相承，曾引起海外学者重提商文化起源东北说。玉凤的翅与尾的表现方式也与商代青铜器上的凤鸟纹如出一辙。尤其是已出现龙凤合体的题材，其设计之精妙，神态之成熟，作为后世玉器基本造型的龙凤玉佩的祖型，是红山文化为中华古文化'直根系'的一个显著标识。"

● 龙凤呈祥一直是中国人的美好愿望，这只红山文化出土的"龙凤佩"在五六千年前就用玉器展现了这种观念

王国维释"礼"字的初型为"以玉事神"，李泽厚引刘师培"礼源于俗"论证由巫而礼。红山文化"唯玉为葬"的习俗和祭祀礼仪的制度化，是礼起源于史前时期最为典型的证据。郭大顺说："以往我们认为，礼是从夏商周三代开始的，随着文明起源讨论的开展，有学者提出龙山文化时期已有礼制，现将中国传统礼制的起源追溯到五千年前的红山文化，这就再次确立了红山文化在中华文化总根系中的'直根系'地位。"

文化交汇是辽西地区在中国文明起源和国家形成中先走一步的一个原动力

一般说来，土木建筑在中原地区常见，而积石则为北方民族所喜用，但是在牛河梁却有一个奇怪的现象：具有当地特点的积石冢和祭坛在红山文化中是大量的，但处于牛河梁遗址群中心位置的女神庙并未使用石砌，而是如中原地区的土木建筑。

"这表明具有中原地区特点的文化因素已进入该文化的主体部分，是两种具不同文化传统的文化因素的融合。"据郭大顺介绍：早在20世纪红山文化发现之初，梁思永、裴文中等老一代考古学家就已注意到该文化以红泥陶、彩陶与沙灰陶压印纹筒形罐，打制、磨制石器与细石器共用为特点，是为长城南北文化的结合；从而已意识到该文化在中国上古史上的特殊重要性。

东山嘴和牛河梁遗址发现后，苏秉琦将这一南北关系提高到新的层次，先认为牛河梁坛庙冢的出现就是南北交汇的成果，后将以龙和华（花）为象征的两个不同文化传统的共同体的结合视为中华文化总根系中"直根系"的主要内容。

　　按照苏秉琦先生的解释，源于关中盆地的仰韶文化的一个支系，即以成熟形玫瑰花图案彩陶盆为主要特征的庙底沟类型，与源于辽西走廊遍及燕山以北西辽河和大凌河流域的红山文化的一个支系，即以龙形（包括鳞纹）图案彩陶和刻画纹陶的瓮罐为主要特征的红山后类型，这两个出自母体文化而比其他支系有更强生命力的优生支系，一南一北各自向外延伸到更广、更远的地区。它们终于在河北省的西北部相遇，然后在辽西大凌河上游重合，产生了以龙纹与花结合的图案彩陶为主要特征的新的文化群体。

　　花（华）与龙的结合，是为中国人自称为华人和龙的传人的历史渊源。

司马迁在写《史记》时，意识到虽然大家都在说黄帝，但很难断定是真是假，于是采取"信以传信、疑以传疑"，即"可信的作为信史，可疑的存疑"的科学态度，秉笔直书，把疑虑留给后人考证。关于中华文明起源的争论，也应当采取这样的态度。

轻易否定"中华文明上下5000年"不严肃

笔者到山西博物馆参观，古老、辉煌的中原文化令人震撼。尤其是距今4300年前的陶寺遗址，规模空前的城址、气势恢宏的宫殿、气派奢华的王墓、世界最早的观象台，以及高度疑似的文字，虽然不能百分之百地确定这就是"尧"的都城，但诸多要素都表明陶寺时期已进入文明阶段无疑。由是，笔者对一些学者提出的"中华文明3700年说"表示深度质疑。

一些学者将中华文明5000年"缩水"为3700年，主要依据是他所谓的一个"国际共识"，即文明的起源以国家建立为前提，而国家建立又以城市出现为标志。按照这种说法，看一个民族什么时候进入文明时代，就看这个民族什么时候有了城市。我们假设这种说法正确，根据最新考古成果，中国考古发现的"最早的城"也不是二里头，而是位于湖南常德的城头山遗址。经过碳14测定，这座城已经有6000年以上历史。2010年，该遗址亮相上海世博会，亮出来的身份就是"中国最早的城市"。山西襄汾陶寺遗址作为一座城，已有4000—4300年历史。遗址上发现的中国最古老的观象台，印证了《尚书·尧典》中所

● 陕西宝鸡出土的何尊

● 何尊出土于陕西省宝鸡市，是中国西周早期一个名叫何的宗室贵族所作的祭器。尊内底铸有122字铭文，其中"宅兹中国"为"中国"一词最早的文字记载

说"历象日月星辰，敬授人时"的史实，成为中国"二十四节气"的重要源头。现在，"二十四节气"已经申遗成功，"二十四节气"发源地还没有走进文明的门槛，估计所有人都不会认同。

随着考古学的发展，实际情况是考古学界关于文明起源更流行的一种"相对共识"是"三选其二说"，即认为一个称作文明的社会，必须具有下列三项中的两项：一定数量人口的城市、文字的出现和金属的使用。

城市自不必说了，再说文字。殷墟发现了甲骨文当然为中华文明的起源添上了浓墨重彩的一笔，甚至是"一锤定音"的一笔。但是，甲

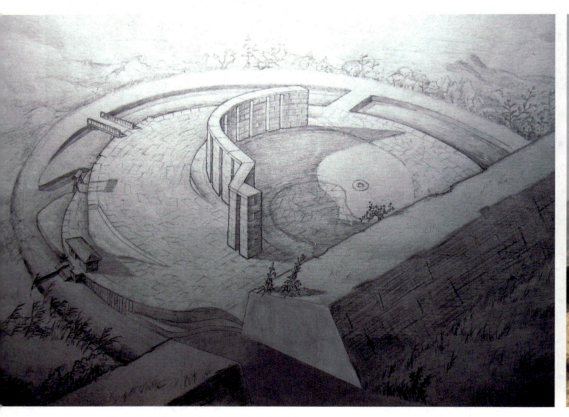

● 陶寺遗址发现的中国最早的观象台

骨文的出现也给人造成了一种错觉，那就是文字一定是殷商时期出现的，于是就顺水推舟，认定中华文明是从殷商时期开始的。但事实上，甲骨文绝不是中国最早的文字。就像人不可能一口吃成一个胖子一样，文字也不可能一下子达到殷墟甲骨文的高度。"在我国幅员辽阔的大地上，成熟的夏商文字出现以前，远古先民曾经走过了从结绳记事、图画符号到文字发明的漫长历程。在不同的时空、不同文化背景下的许多富有生命力的符号，都可能逐渐融汇到汉字产生的主流道路上来。"河南安阳中国文字博物馆里的这段说明，以及来自全国各地的考古成果都充分地说明了这一点。发现于河南舞阳贾湖遗址的刻画

● 山西襄汾陶寺遗址发现的中国最古老的观象台复原图

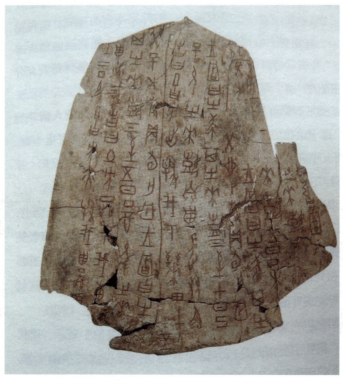

● 甲骨文是非常成熟的文字系统，在此之前汉字一定经历过漫长的演进过程

符号，距今已有8000年以上的历史；发现于浙江平湖庄桥坟遗址的良渚文化原始刻画符号，已是较为成熟且初具系统的文字；而发现于陶寺遗址的扁壶朱书，更是说明在甲骨文之前中国已有较成熟的文字。为此，辽宁朝阳师范学院的雷广臻教授说，如果非要以文字的形成作为文明起源的重要标准之一，那么早在5000年以前，中华象形文字就已经产生了。若有人依据甲骨文断定中国只有3700年文明史，虽然此说影响不大，却干扰了公众对中华5000年文明的认知。

最后说复杂的礼仪中心。20世纪80年代发现于辽宁朝阳的牛河梁遗址，是中国首次发现的集庙、坛、冢于一体的巨型礼仪性建筑群。在方圆50平方公里范围内，大型祭坛、积石冢、大平台、金字塔等20多处建筑次第排开，沿中轴线分布在两侧大小山头，拱卫着位于牛河梁主梁的女神庙。这种沿中轴线布局、天圆地方、东西对称的建筑理念一直延续至今。明清时期的北京天坛、太庙与明十三陵即严格遵守着这样的建筑理念布局。然而，天坛、太庙和十三陵，又怎么能和一

● 陶寺遗址发现的扁壶朱书，上面有非常明确而清晰的文字

览众山小的牛河梁庙、坛、冢相比。如此恢宏的礼仪建筑群，如此坚定的共同信仰和强大的社会组织能力，没有人相信会是文明大门之外的遗迹。

著名考古学家苏秉琦先生早就说过："很难说进入文明时代在物质文化方面有什么统一的标准，或者说有相同的物化形式。"何况，中华文明起源和西方文明起源走的是完全不同的两条道路，我们不妨称之为"中国道路"——"对于中国国家起源与发展的认识，我概括认为：从氏族公社向国家转变的典型道路：古文化—古城—古国；国家发展三部曲：古国—方国—帝国。"苏秉琦先生指出，"辽西那个拥有坛、庙、冢祭祀中心场所的社会实体，应该已是凌驾于氏族公社之上、有高一级的社会组织形式了……甚至可能已是一个原始的国家——'古国'了。"

按照苏秉琦先生的说法，中国有超百万年的文化根系，上万年的文明起步，五千年前出现了氏族向国家的转变。牛河梁处于古国阶段，到四千年前发展为方国，在两千年前汇入了多源一流的中华帝国。二里头遗址（夏）只是众多方国中的一个，一些学者视一个方国为文明源头显然忽略了之前众多"古国"的存在，低估了中华文明的进程。而"上下5000年是文化"的说法，更是站不住脚。辽宁阜新查海先民8000年前就在聚落址中心广场用石头堆出了"中华第一龙"，直到如今，中华龙的形象还与其一脉相承，你能说查海人没有文化？

司马迁在写《史记》时，意识到虽然大家都在说黄帝，但很难断定是真是假，于是采取"信以传信、疑以传疑"，即"可信的作为信史，可疑的存疑"的科学态度，秉笔直书，把疑虑留给后人考证。这才是严谨的治史态度。

"大遗址"是指在中国历史发展重要阶段出现的规模宏大、价值重大的大型聚落、城址、官室陵寝等；公园是供公众观赏游览、活动休憩的地方，怎样在二者之间找到最佳平衡点，确实是一个全新的命题。

如何守护好"公园"里的"大遗址"

——写在牛河梁国家考古遗址公园挂牌之际

2014年6月14日，牛河梁国家考古遗址公园正式挂牌，标志着该遗址公园一步跨入国家级。披上"国字号"战袍是一项至高荣誉，同时也是一道崭新命题——当"大遗址"成为"公园"，该如何处理好专家考古与公众游览、遗址保护与经营开发、经济效益和社会效益的关系？

"牛河梁遗址晋升为国家级考古遗址公园，使其从单纯的保护建设管理向开放运营和社会服务方面转变，但无论职能怎样转变，抢救第一、保护为主、合理利用、加强管理的原则不能变。"牛河梁遗址管理处处长郝建旭说。

牛河梁促成了"大遗址保护理念"的产生

辽宁是"大遗址保护理念"催生地。国家文物局专家组成员、著名考古学家张忠培说，20世纪80年代，牛河梁遗址发现后，考古学大家苏秉琦创造性地提出，牛河梁这类在我国历史发展进程中曾经

● 五千年文明的圣地牛河梁

起着心脏或主动脉作用的大遗址，应该给予特殊的和整体的保护，即"保护大遗址"理念。"这个理念后来被国家文物局接受，成了国家的意志，产生了一系列措施和法规，现今大遗址的保护已经蔚然成风。并逐渐形成了以长城、大运河、丝绸之路、西安片区、洛阳片区'三线两片'为核心，100处重要大遗址为重要节点的基本格局。"

　　考古遗址公园是大遗址保护工作的创新，目的是协调考古遗址的保护、展示与利用。"大遗址"是指在中国历史发展重要阶段出现的规模宏大、价值重大的大型聚落、城址、宫室陵寝等；公园是供公众观赏游览、活动休憩的地方，怎样在二者之间找到最佳平衡点，确实是一个全新的命题。

大遗址保护重在原真性、完整性和协调性

原真性、完整性以及与周边环境的协调性，是大遗址保护的最基本原则。牛河梁遗址发现后，著名考古学家苏秉琦就提出：不仅要把各遗址点本身作为保护对象，还要把各个遗址点之间的"白地"也划进保护范围。为此，辽宁朝阳将牛河梁58.95平方公里的范围划为保护区、8平方公里的范围划为核心区进行保护。

2008年以来，在国家文物局、辽宁省政府的支持下，朝阳市先后投入5.26亿元，启动文物保护、基础设施建设和环境治理三大工程。经过多年的艰苦工作，朝阳市陆续完成保护区内所有企业关闭、搬迁，矿坑回填、植被恢复，核心区居民搬迁安置等工作；女神庙保护展示馆、祭坛和积石冢保护展示馆陆续建成；第二、三、五、十三、十六地点文物本体保护博物馆陆续建成，101国道改线及内环路、广场等工程建设任务也陆续完成。专家考察后，称赞牛河梁"干干净净"。

2013年10月12日，牛河梁遗址顺利通过国家文物局国家考古遗址公园评定专家组的验收；2013年12月18日，国家文物局公布全国第二批"国家考古遗址公园"名单，牛河梁国家考古遗址公园同曲阜鲁国故城国家考古遗址公园、汉魏洛阳故城国家考古遗址公园等12个遗址公园一起，成功入围；2014年6月11日，内蒙古赤峰市政府与辽宁朝阳市政府共同签署《红山文化遗址联合申报世界文化遗产工作备忘录》，共同推进红山文化遗址申遗工作。

协调"公园"和"遗址" 辽宁先走三步棋

考古遗址公园是基于考古遗址本体及其周边环境的保护与展示,融合教育、科研、游览、休闲等多项功能为一体的公共文化空间。由于它有效地破解了专家考古与全民共享之间的矛盾,因而成为许多国家竞相仿效的大型考古遗址保护和利用模式。

然而,由于我国遗址公园建设起步较晚,相关法律法规又不完善,如何协调考古与展示、保护与开发的关系,成为横亘在遗址公园管理者面前的一道两难命题。牛河梁当然也绕不过这道槛儿,辽宁省做了以下三方面的尝试。

● 出土了女神头像的牛河梁遗址第一地点保护展示馆

● 出土了大型祭坛和积石冢的牛河梁遗址第二地点保护展示馆

（一）坚守抢救第一、保护为主的"红线"

尽管《牛河梁考古挖掘报告》2013年已经出炉，但牛河梁仍有多个遗址点未正式发掘。为此，朝阳市规定：无论是58.95平方公里的保护区还是8平方公里的核心区，都必须明确考古遗址公园不是游乐园，任何建设项目都必须谨守不破坏遗址的原则，举办各类活动都必须坚持与遗址内涵和价值相协调的原则。

（二）做好不伤文物本体的活态展示

大型原生态舞剧《远古牛河梁》通

● 以往裸露在旷野中的牛河梁祭坛已经处在宏大的建筑保护之下

过先民们几个生活的片段，揭示5500年前的新石器时代，牛河梁女神庙、祭坛下一个国家的雏形，让人们直观地感受红山文化的魅力。

（三）成立红山文化协同创新中心

国家考古遗址公园建设是为了促进遗址的保护、展示与利用。但无论是保护，还是展示、利用，都必须依托考古资料和研究成果。为此，2013年8月，辽宁省教育厅批准筹建红山文化与中华文明协同创新中心。由辽宁师范大学牵头，协同中国社会科学院考古研究所、辽宁省朝阳市人民政府、朝阳师范专科学校、赤峰学院等相关科研院所、地方政府和高校，对红山文化在见证中华文明起源和形成过程中的独一无二地位做出权威性的研究与评估，最终实现红山文化遗址群申遗梦。

一眼千年

遥望五千年中华文明的绚丽日出

二

北方老家

光明日报摄影美术版开设了一个专栏，叫《课本里的中国》，以省为单位盘点中小学课本里收录的各地资源，有些文化大省动辄录入百八十篇课文，有同事开玩笑地揶揄"辽宁少了点啊"。我淡然一笑，告诉他：辽宁最牛的不是写教科书，而是改写教科书——

四次改写教科书，课本里有"你不知道的辽宁"

100多年的古生物化石采集，近一个世纪的考古发现，以及30多年的近现代史争论，让辽宁这块土地一次次地轰动了全国，震惊了世界。尤其是带毛恐龙化石的发现、牛河梁遗址大型庙坛冢的横空出世、万里长城东端起点的确认，以及中国抗日战争起点的重新界定，四次改写教科书，让无数孩子在课本里发现了一个以往"不知道的辽宁"。

恐龙没有灭绝，正在我们头上飞

6500万年前，恐龙已经从地球上灭绝！多年以来，人们一直坚信这一点，动画片、教科书、博物馆里也都这么说。以至于150年前，英国科学家赫胥黎提出"鸟类或由小型兽脚类恐龙演化而来"时，人们都说：这个人疯了！

100多年后，美国耶鲁大学教授奥斯特隆通过对德国始祖鸟、美颌龙和美洲恐爪龙的解剖研究后，认为"赫胥黎可能是对的"，人们仍然将信将疑。毕竟，世界上一直没有发现从恐龙过渡到鸟的生物标本。

　　直到20世纪末期，中国科学家在辽宁西部首次发现了保存有羽毛印痕的恐龙化石，人们才终于确信，恐龙并没有灭绝，有一支变成了鸟儿在我们头上飞。

● 中华龙鸟复原图

● 中华龙鸟化石

　　"恐龙是如何飞向蓝天的呢？"2016年，人教版语文四年级上册，选录了《飞向蓝天的恐龙》一文，中国科学家徐星在文章中写到，地球上的第一种恐龙大约出现在两亿四千万年前。它和狗一般大小，两条后腿粗壮有力，能够支撑起整个身体。数千万年后，它的后代繁衍成一个形态各异的庞大家族……有些恐龙身长几十米，重达数十吨；有些恐龙则身材小巧，体重只有几千克……其中，一些猎食性恐龙的身体逐渐变小，越来越像鸟类……它们中的一些种类可能为了躲避敌害或寻找食物而转移到树上生存。这些树栖的恐龙在树木之间跳跃、降落，慢慢具备了滑翔能力，并最终能够主动飞行。

　　透过徐星的描述，人们首次一眼望到亿万年前的辽西，那是个气候湿润、雨量充沛的地方，河道纵横，湖泊星罗棋布，鱼虾成群地在水中嬉戏，岸边乔木成林，鸟儿和翼龙在空中飞翔，恐龙在草地上悠闲漫步。那时的辽西，气候更接近于现在的江浙一带。

● 恐龙演变为鸟的过程示意图

这也是中华民族列祖列宗栖息坐卧的地方

山海关外的辽宁，在许多人眼里，是古诗中"北风卷地百草折，胡天八月即飞雪"的塞外。但是，在考古学家和历史学家眼里，"这也是中华民族列祖列宗栖息坐卧的地方"，中国考古学之父李济先生提醒我们，"两千年来中国的史学家，上了秦始皇的一个大当，以为中国的民族及文化都是长城以南的事情"。他敦促同行，"用我们的眼睛，用我们的腿，到长城以北去找中国古代史的资料。那里有我们更老的老家"。

时间为李济先生生前的判断打了对号。1983年辽宁西部牛河梁大型祭坛、女神庙和积石冢群的发现，证明5000年前这里确实存在过一个具有国家雏形的原始文明社会，这一发现将中华文明史由夏向前推进了1000多年。作家隋治操在电视专题片《走凌河》里写道：5500年前，当尼罗河畔的古埃及法老还没去想建造他的金字塔的时候，当浙江河姆渡和陕西半坡村的居民们还在以刀耕火种的方式艰难度日的时候……大凌河岸边的优秀先民们却早已在牛河梁上建造起了巨大的女神庙和雄伟的祭坛，以及广阔的祭祀广场。辽宁在辉煌的中华文明史上写下浓墨重彩的一笔。

在此之前，在中国人的传统观念中，一直认为中华文明是从黄河孕育出来，然后传播到华夏各地。而红山、良渚、三星堆等一系列文化的发现，支撑起了5000年前中华文明的"满天星斗"说。2021年5月25日，在国务院新闻办公室召开的中华文明探源工程成果发布会上，国家文物局副局长关强明确宣布，"距今5800年前后，黄河、长江中下游以及西辽河等区域出现了文明起源迹象。距今5300年以来，中华大地各地区陆续进入了文明阶段。距今3800年前后，中原地区形成了更为成熟的文明形态，并向四方辐射文化影响力，成为中华文明总进程的核心与引领者"。

在5000多年前中华文明的"满天星斗"中，辽河文明无疑是最亮的一颗。考古大家苏秉琦先生说，"以发展顺序看，从旧石器中晚期到新石器初期，很可能是辽河流域比海河水系早，海河水系又比黄河中游早"。辽河流域在中华文明起源进程中"先走一步"。

万里长城最东端不是山海关而是丹东虎山

万里长城"东起山海关，西至嘉峪关"，打从懂事起，我们就接受了这种"板上钉钉"的观点，上学后，教科书更是"明白无误"地告诉我们："山海关是明长城的东部起点，位于秦皇岛市以东10多公里处，古称榆关，又名临闾关，明朝洪武十四年（1381年）建，因其倚山连海，故得名山海关。"从此，山海关作为万里长城的东端起点，像一颗钉子一样钉在我们的记忆深处。

● 位于辽宁绥中的水上长城

　　然而,自20世纪80年代开始,辽宁丹东不断有人对"长城东起山海关"这一说法提出异议,理由似乎也无懈可击——《明史·兵志》记载:"终明之世,边防甚重。东起鸭绿,西抵嘉峪,绵亘万里,分地守御。"

　　对山海关长城东端起点提出不同说法的恰恰是修建了山海关的大明王朝史书。

　　长城的东端起点究竟在哪里?看来,要找到长城的真正起点,必须拂去历史的尘埃,走出典籍的迷雾。1990年2月,以辽宁考古研究所副研究员冯永谦为领队的"丹东市寻找明长城起点考察队"成立,考察队自丹东市区出发,顺鸭绿江而下,历时4个月,行程约2000公里,终于揭开了蒙在辽东长城上的面纱。

　　原来,早在战国时期,七雄之一的燕就开始筑长城,先筑南长城以御赵，后筑北长城以却东胡。秦灭燕后，将秦修的秦长城同燕、赵等国长城串缀起来，形成"起临洮、至辽东，延袤万余里"的万里长城。此后历代王朝修筑的长城，也都把辽东置于胳膊肘之内，只是到了明朝，大将徐达修山海关，才第一次将辽宁晾在了长城之外，山海关成了"关内"和"关外"的分水岭。

1990年，"首届中国长城学术讨论会"在一直被称为"长城东端起点"的山海关举行。冯永谦的报告《明万里长城东端起点发现在（丹东）宽甸虎山》石破天惊，震动了考古界。1992年9月25日，我国著名文物、古建筑专家罗哲文先生在"万里长城东端起点——虎山"标志揭牌仪式上，正式向中外来宾宣布"长城从兹始，万里壮神州"。

从山海关到鸭绿江，有1000多公里的长城，为什么被历史遗忘了？冯永谦先生告诉笔者，这缘于清朝实行的"封禁政策"。清定都北京后，为保护祖宗"发祥之地"，遂在原明代辽东长城基础上，"插柳

● 丹东虎山长城城楼

● 万里长城最东端，位于辽宁丹东的虎山长城

结绳"为墙，并在山海关设置边卡，限制汉人、蒙古人进入盛京以东区域。

　　清朝是唯一对修长城态度冷淡的王朝。康熙三十年（1691年），古北口总兵蔡元上书朝廷，提出维修长城，遭康熙帝拒绝。康熙说："秦筑长城以来，汉、唐、宋亦常修理，其时岂无边患？明末我太祖统大兵长驱直入，诸路瓦解，皆莫敢当。"由此，康熙得出结论，"守国之道，惟在修德安民，民心悦，则邦本得，而边境自固"。于是人们发现，在

清王朝"祖宗肇迹兴王之所""龙兴之地"，沿东北地区边缘修浚边壕，沿壕植柳，冰冷的城墙被充满家园气息的绿色取代。

1993年出版的初中《中国历史》课本，恢复

● 九门口长城，昔日关山险隘，现在成了水上乐园

了历史本来面目,将明长城的东部起点由山海关改成了鸭绿江。人教版语文也正式确定了这种说法,辽宁再次改写了教科书。

"十四年抗战"取代"八年抗战"的事实原点

辽宁恰处于农耕文明与游牧文明、大陆文明与海洋文明的衔接带上。如果说长城的位移是中华民族内部农耕民族与游牧民族的不断融合与拉锯,那么,大陆文明与海洋文明的冲突就尖锐地表现在当年中日两国不可调和的民族矛盾上。辽宁这块土地忠实地记录了这一切。

2017年1月10日,教育部发文,要求当年春季大中小所有学段、所有相关学科、所有国家课程和地方课程的教材,将全面落实"14年抗战"概念,将以往"8年抗战"的说法一律改为"14年抗战"。当年9月1日,落实"14年抗战"观点的教材《道德与法治》《语文》《历史》正式投入使用。

长期以来,由于没有确立全民族抗战理念、相关史料挖掘不充分,"8年抗战"作为一种学术定论长期在史学界沿用,并在民众中造成根深蒂固的影响。

这一观点的形成,主要依据是七七事变后中国开始全面抗战,尤其是国民政府放弃不抵抗政策,开始正面抗战。事实上,早在日本侵略者发动九一八事变、大举进犯中国东北之时,中国人民就开始了不屈不挠的抗战。

九一八事变当晚,东北军陆军独立第七旅第六二零团团长王铁汉违抗国民党"不抵抗"命令,在北大营率先打响抗战第一枪。

新发现的日方史料也印证了北大营东北军在日军大举进攻的第

● 建于沈阳北大营附近的九一八纪念馆

一时间、第一地点进行了有效反抗:笔者在九一八纪念馆关东军纪念写真帖上,看到的就是日本战地记者拍摄的九一八事变当夜被东北军打死的新国六三和曾子正男的照片。1933年日本《靖国神社忠魂史》上承认:"北大营内,中国守军虽然被不抵抗命令束缚了手脚,但并没有陷入完全被动挨打的局面。北大营一战,有两名日本兵负伤死亡。"

继北大营打响抗战第一枪后,东北人民反抗日本侵略者的抗争从未间断。九一八事变之夜,时任辽宁省警务处长、沈阳市公安局局长的黄显声果断指挥公安警察队伍展开抵抗,一直坚持到21日下午才被迫撤离,随即着手组建抗日义勇军。

白山黑水间,"三十万人不解甲""宁为义勇死,节烈永芬芳"是东北义勇军的壮烈写照。在义勇军基础上发展起来的东北抗日联军是东北战场上始终保持对战局介入，最终迎来抗战胜利的武装力量，杨靖宇、赵尚志、赵一曼等名字早已化为民族精神中的标志性符号。

与武装斗争相呼应的，还有以巩天民、刘仲明、毕天民、张查理等爱国知识分子为代表的"沈阳九君子"。九一八事变后，他们冒着生命危险，成立国联外交爱国小组，搜集日本侵华证据，提交给国际联盟调查团，推动国联仲裁，使日本侵华罪行"大白于天下"，为中国抗战赢取有利的国际环境。

前六年抗战主要是东北抗战，是高度自觉的抗战，是异常艰苦、牺牲巨大、始终不渝的抗战，尤其是东北义勇军的壮烈义举，是田汉、聂耳创作《义勇军进行曲》最原始的史实依托，国歌精神是中国十四年抗战的灵魂所在。

早在20世纪70年代末，辽宁大学教授张德良、辽宁省委党校教授张一波就明确提出中国抗战是十四年的观点。随后，辽宁社会科学院研究员王秉忠、辽宁大学教授胡玉海也相继发表学术文章阐述此观点。2005年7月16日，辽宁省委党校教授王建学在接受英国BBC记者采访时，提出中国抗战是十四年的观点，BBC于当年的8月15日播出。2011年3月16日，学者张洁、王建学在中宣部举行的论证会上，再次阐释了十四年抗战的观点。2011年的沈阳九一八鸣警撞钟仪式即以十四年抗战理念为主导，这是十四年抗战理念走向民众、趋于成熟的标志。2015年，辽宁省中小学辅助教材《九一八事变读本》中，率先使用十四年抗战的概念。

张洁对笔者说，"十四年抗战"概念进入教材是功在当代利在千秋的重大工程，不仅使九一八事变后的十四年抗战历史得到完整、系统的体现，而且突出了中国共产党在抗战史上的中流砥柱作用，对培育青少年的爱国主义精神与社会主义核心价值观具有重要意义。

进入20世纪90年代以来，在辽宁西部西起葫芦岛建昌，横跨锦州、朝阳，东到阜新方圆2万多平方公里的土地上，不断地有石破天惊的消息传来。孔子鸟、长羽毛的恐龙以及辽西古果化石的发现，充分说明辽西是世界上第一只鸟飞起、第一朵花绽放的地方。

穿越亿万年岁月长廊到辽西听闻鸟语花香

2010年3月22日零时，好消息又从大洋彼岸传来：美国《国家科学院院刊》网络版发表论文，披露辽西热河生物群又添新品种——滑翔蜥蜴。沈阳师范大学辽西古生物研究所所长程绍利告诉笔者，滑翔蜥蜴的发现，其意义不仅在于它是蜥蜴长达两亿多年演化历史中唯一能够滑翔的化石物种，同时也说明白垩纪早期辽西地区的气候环境与我国南方和东南亚一带较为相似，属于热带丛林性区域。这就为我们研究物种与环境的关系提供了有效的实证。

化石是科学家解开生命物种演化奥秘的钥匙，它不仅揭示世界万物从何处来，更着眼于未来世界将向何处去。这就是辽西化石发现的全部意义。

● 恐龙化石

世界上没有其他地方在如此关键的时间，保存如此完好的、如此多的化石群落

——美国恐龙与古鸟类学家奥斯德姆

科学研究表明：一亿二千多万年前，辽西及周边地区气候温暖，雨量充足，淡水湖泊纵横交错，鱼游浅底，鸟翔天空，恐龙猬集。与此同时，该地区火山频繁喷发，有毒气体、有害烟尘弥漫，导致鸟类、鱼类及带毛的恐龙等远古生物非正常集群死亡，而后被大量的火山灰迅速掩埋，因而造就了辽西这个"中世纪的庞贝城"。

早在1863年，曾经发现了中国大熊猫的法国神父戴维来到辽西凌源，搜集到许多鱼化石，转交给法国鱼类专家索瓦士，1880年索瓦士用戴维的名字给这一新物种命名。21年后，英国著名的鱼类学家伍德华将这种鱼归入狼鳍鱼属。1928年北京大学教授、美国地质学家葛利普在他撰写的《中国地质学》里，将当时隶属于热河省的凌源一带含狼鳍鱼的地层命名为"热河系地层"。1962年，中国著名的古生物学家顾知微院士，发展和完善了葛利普的观点，把含有"狼鳍鱼""东方叶肢介"和"三尾拟蜉蝣"为代表的化石群，通称为"热河生物群"，一直延用至今。

据长期从事化石研究和报道的朝阳日报记者张万连介绍：虽然100年来辽西化石出土不断，但真正"石破天惊"引起世界轰动的发现，却源于一次农民打井。1973年3月，当时的朝阳县胜利公社黄花沟生产队打井，一炮崩出一块紫红色的骨状石头，细心的农民阎志有把它打了包裹，邮到了中国科学院。不久，中科院古脊椎动物与古人类研究所的研究员就来到了胜利乡，确认这种恐龙化石标本属于新

种鹦鹉嘴恐龙。从此，阎志有就成了当地有名的"龙迷"，农闲时节，漫山遍野找化石。终于在1987年，发现了辽西地区的第一块鸟类化石——"三塔中国鸟"。

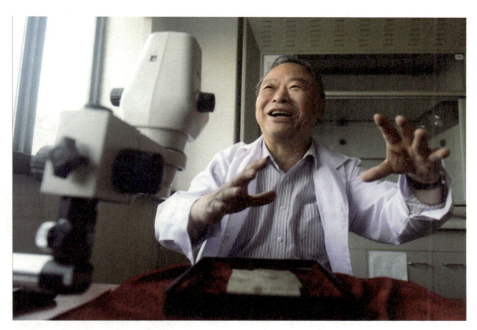

● 著名古生物研究专家孙革教授

其后，辽西化石发现连绵不断，一次又一次地震惊了世界，孔子鸟、中华龙鸟、张和兽、辽宁古果等相继问世，四合屯、上河首、大王杖子、波罗赤这些过去连地图上都找不到的名字，频频在世界顶级科学刊物上亮相。

世界上已知最古老的鸟类化石是1861年发现于德国索伦霍芬地区的始祖鸟化石。始祖鸟不会飞，而辽西的孔子鸟已有了初步的飞行能力，因而被称为"世界上最早会飞的鸟"。始祖鸟160年来在世界上只发现了7件化石，而孔子鸟经常是在十几平方米的层面上就有两三只、三五只或八九只，最多曾在15平方米的层面上发现了12只。有一次科学家去北票考察，问几个正在聊天的妇女当地有没有化石，妇女答没有，可是眼尖的科学家突然从妇女身后的一个大门墩上，发现了上亿年前的恐龙脚印。辽西化石不仅种类繁多，保存的完好程度也令人叹为观止。许多鸟类和恐龙除了骨骼等硬体部分保存完整外，还完整地保存了羽毛、毛状皮肤衍生物、皮肤印痕等结构。一些恐龙甚至保留了胃部食物残留物、胃石及卵。

● 地球上的第一朵花——中华古果

在解决演化的世纪悬案——鸟类的起源、被子植物的起源、现代哺乳动物的起源、昆虫与开花植物共同演化方面，辽西化石无疑是一窥大自然奥秘的一扇天窗

——台湾台中博物馆程延年博士

在辽西灿若群星的古生物化石发现中，早期鸟类的发现最为亮丽，它打破了100多年来始祖鸟在鸟类起源研究领域一统天下的格局。2010年，美国古鸟类学家马丁说："我们对早期鸟类演化的了解，真正革命性的变化发生在中国最近的5年……它们的出现改写了鸟类进化的历史。"而那些带毛恐龙的发现使得更多科学家相信，鸟类是由那些恒温的小型兽脚类恐龙进化而来。这也就是说：6500万年前地球上的恐龙并没有灭绝，有一支已经变成了鸟儿，正在我们的头上飞。除此而外，热河生物群中还有首次发现的真正会飞的"恐龙"，为鸟类飞行的树栖起源并经历了一段滑翔阶段的假说，提供了关键性证据。

● 辽宁朝阳古生物化石博物馆

　　有鲜花装点的世界是美丽的，然而世界上最早的花开在哪里？出土于北票地区距今约1.2亿年的被子植物化石——辽宁古果，清晰地显示了胚珠（种子）为心皮包藏这一被子植物的典型特征，无可争辩地被国际古植物学家认定为"迄今首次发现的有确切证据的世界最早的花"。美国《科学》杂志公布了这一重大研究成果，并在封面上刊登了这株"世界最早的花"的化石照片。

　　自20世纪20年代葛利普提出"热河系地层"的概念以来，辽西陆续发现了一批脊椎动物化石，如北票鲟、满洲龟、矢部龙、鹦鹉嘴龙以及大量的无脊椎动物和植物化石。尤其是近几十年来，又发现了恐龙、鸟、鱼、两栖动物、爬行动物、昆虫、植物等共二十几个门类，很多现代生物门类的祖先类型在辽西地区都有发现。

　　2006年，发现于辽西朝阳的世界最古老的被子植物——中华古

● 辽宁朝阳古生物博物馆原地保存的古生物化石

果、最早的不会飞的鸟——始祖鸟、最早的新角龙类恐龙——辽宁角龙、保存最完整的长羽毛的恐龙化石——千禧中国鸟龙化石，一起列入吉尼斯世界之最。

朝阳化石产地是热河生物群的典型剖面，这里保存着各类精彩的震惊世界的化石，能有机会来朝阳，我深感幸福。

——日本古生物学家真锅真博士

四合屯，辽宁西部一个默默无闻的偏僻村庄，然而，因为飞出了距今1.25亿年的孔子鸟和中华龙鸟等诸多化石，小村庄成了众多古生物学家梦寐以求、顶礼膜拜的地方。

2006年6月中旬，被誉为古生物学界"奥林匹克盛会"的第二届国际古生物学大会在北京召开，来自世界各地的30多名古生物学家专程来到辽西考察。驻足在500平方米的地质剖面保护长廊里，见到20只鸟化石和4只小型恐龙化石活灵活现地原地保存在地质剖面上，"见多识广"的科学家们个个神情肃穆，日本古生物学家真锅真博士双手合十，连说："我真幸福。"

● 远古巨无霸

为了让越来越多的人找到"幸福"的感觉，辽宁开始了大规模的地质公园、化石博物馆等科普场馆建设。2009年年末，锦州市古生物博物馆正式开馆。300多块珍贵的古生物化石在声、光、电以及高科技技术的配合下，仿佛把游人带回到远古的侏罗纪。该馆有四件"镇馆之宝"——未定名的高达1.4米、长2.2米的带毛恐龙，上过美国《科学》杂志封面的獭型狸尾兽化石，部分边缘未完全暴露、蛋中包含着胚胎骨架的翼龙胚胎以及崔氏北方翼龙，个个都是绝世珍版。

创建于1994年的义县宜州化石馆目前馆藏化石近万件，展出精品200多件，主要有目前发现的辽宁省最大的一块恐龙化石——杨氏锦州龙、孔子鸟、世界罕见的带皮肤印痕的鹦鹉嘴龙、细小矢部龙、大型蜥脚类恐龙颈椎……

占地总面积2300平方公里，核心区207平方公里的朝阳国家地质公园根据县级以上行政区管辖的空间不同，划分为上河首、北票、凌源三个园区及凤凰山地质遗迹景观区四部分。义县引进德国资金建设的地质公园前期资金已到位，省国土资源厅与沈阳师范大学合建的辽宁古生物博物馆已建成。现在，游客们到辽宁来，由西向东逶迤而行，便仿佛置身于亿万年前的时空隧道，不仅能闻到花香，还能听到鸟叫声。

亿万年前，世界上大多数地方还是海水茫茫，亚洲东部区域已抬升为陆地，特别是辽宁西部一带，淡水湖泊星罗棋布，鱼虾成群，恐龙在草地上悠闲地漫步。后来火山喷发，毒气弥漫，大量生物瞬间死亡，并被火山灰迅速掩埋，变成了岩层中精美的古生物化石。

辽西为啥多化石？这里曾是恐龙的领地

很长很长一段时间，人们一直坚信：恐龙已经从地球上灭绝。

150年前，英国科学家赫胥黎公布了一个假说：鸟类由小型兽脚类恐龙演化而来。当时，人们都说：这个人疯了。

20世纪80年代，美国耶鲁大学教授奥斯特隆通过对德国始祖鸟、美颌龙和美洲恐爪龙进行比较解剖研究，最后得出结论："赫胥黎可能是对的。"然而，由于缺少由恐龙到鸟的过渡性生物标本，说这话时，他的语气明显底气不足。

站在辽宁古生物博物馆前，杨建杰副馆长非常肯定地说，恐龙并没有灭绝，有一支已经变成了鸟儿，正在我们头上飞。

杨馆长说这话的底气在于：他身后馆里那一块块精美的化石。

在石头上发现恐龙的"秘密"

在距今1.75亿至1.2亿年前，世界上大多数地方还是海水茫茫，亚洲东部区域已抬升为陆地。特别是辽宁西部一带，气候湿润，淡水湖

● 辽宁朝阳古生物博物馆

泊星罗棋布。水中鱼虾成群，岸边乔木成林，鸟儿和翼龙在空中飞翔，恐龙在草地上悠闲地漫步。后来火山频繁地喷发，毒气弥漫，大量生物瞬间死亡，并被火山灰迅速掩埋。亿万年后，变成了岩层中精美的古生物化石。

　　辽西化石发现连绵不断，一次又一次震惊了世界。在辽西灿若群星的古生物化石发现中，早期鸟类的发现最为亮丽，它打破了100多年来始祖鸟在鸟类起源研究领域一统天下的格局，弥补了从恐龙到鸟的过渡性标本缺失的遗憾。人类，终于从石头上，读懂了亿万年前的"秘密"。

给"鸟语花香"的石头找一个窝

辽西化石发现震惊了世界，但长期以来，由于人们对化石认识不足，同时受经济利益驱动，珍贵的化石被当地农民砌上了猪圈，被一些不法之徒滥挖、倒卖，部分具有重大科研价值的化石流失到国外，国家在科研、经济和声誉等方面受到巨大损失。

尤其让人遗憾的是：具有"天赐""地利"的辽宁，本省研究机构和研究成果都很少，民间发现和采集的绝大部分化石外流出省、出国，解读本地化石蕴藏的秘密，经常要借助于别人的"脑袋"。

"一方面要加强力度打击盗挖，另一方面加大投入进行科学采掘和研究，这是我们面临的双重任务。"负责古生物化石保护和开发的辽宁省国土资源厅意识到：古生物化石作为地下的珍贵遗产，具有极强的专业性，但辽宁省内竟没有一家科研院所介入相关研究，能够读懂"石头语言"的专业人才极其匮乏、心有余而力不足是当时最大的问题。于是，最先想到的是在辽宁省内找一家科研机构或院校参与化石的科学采掘和研究工作，可是连续找了两家高校都碰了壁。第三次，找到了沈阳师范大学，双方你情我愿，一拍即合。

政府将公益性的博物馆建设在大学，双方进行投资，大学负责后续管理，这在中国是不多见的，是一件新鲜事。辽宁省国土资源厅和沈阳师范大学做了"第一个吃螃蟹的人"。

借助这样一个平台，沈师大敞开大门，广纳人才，很快就聚集了一支学历层次高、科研能力强的高水平科研师资队伍。其中，博物馆馆长孙革教授是中国古生物学会副理事长兼古植物学分会理事长、地

● 辽宁朝阳古生物博物馆院内雕塑

球上第一朵花"辽宁古果"的发现者。"听得懂花语"的孙革,继"辽宁古果""中华古果"以及"十字里海果"之后,又在沈师大发现了我国迄今已知最早的"第4朵花"——"李氏果"。

到博物馆里听石头"说话"

展示、收藏、科研、科普、教学,辽宁省古生物博物馆一建成,省国土资源厅和沈阳师范大学即为它做了明确的定位,可谓"一石五鸟"。

这个云集了我国著名古植物学家孙革,古鸟类学家侯连海,恐龙学家董枝明、徐星,以及胡东宇、段冶、周长付、张宜、田宁、赵鑫等一批来自海内外的优秀中青年古生物专家的高水平、国际化团队,果然不负众望，先后在石头上"复活"了迄今世界最早的带羽毛恐龙——"赫氏近鸟龙"，迄今世界最早的真双子叶植物——"李氏果"，以及"沈师鸟""渤海鸟""盛京鸟""辽龟"等一批远古生物，并带着它们两次登上国际权威学术刊物——英国《自然》（Nature）杂志，一次登上美国科学院院刊，三次登上美国古脊椎动物学报。

2009年沈师大古生物化石发现同时入选"中国高校十大科技进展"和"世界/中国十大科技新闻"，2011年入选"沈阳高校十大新闻"；"赫氏近鸟龙"2010年参展上海世博会，吸引了全国各地无数的"龙迷"前来观瞻。

2012年2月，博物馆与省国土厅化石局共同与法国奥尔良博物馆联合主办了"恐龙之声特展"，有近5万法国观众参观。

● 位于沈阳师范大学校内的辽宁古生物博物馆

至今，这幢坐落于沈北大学城核心区域、沈阳城北出口101国道东侧，建筑外形神似一头昂首恐龙的巨型建筑，成了世界古生物学者眼中的"圣地"，成了市民到石头上"听远古鸟语，闻万年花香"的科普好去处。

《天龙八部》中的慕容复，是武林中的绝世高手，与丐帮帮主乔峰并称为"北乔峰南慕容"。真实历史上的慕容家族也是盖世英雄，在群雄并起的时代几年间就崛起为北方霸主，雄居北方近百年。难不成他们真有金庸先生所写的"斗转星移"这一盖世武功？

马镫：一个改变世界的中国"小发明"

公元338年，后赵30万大军进犯前燕，袭击前燕国都大棘城。前燕皇帝慕容皝派其子慕容恪率2000轻骑，斩杀后赵3万人，其他人落荒而逃。

公元367年，东晋名将桓温率5万大军北伐前燕，前燕名将慕容垂、慕容德以不到2万人之众，将训练有素的东晋大军杀得片甲不留。

建都于今辽宁朝阳的前燕，仅是一个以游牧为主的蕞尔小国，为何能在强敌环伺的五胡十六国时期在北方占据一席之地，并在与强敌对峙中屡创以少胜多的奇迹？

这个秘密在地下埋藏了1600多年后才被揭开。1965年，考古专家在辽宁朝阳冯素弗墓发现了一对外包铜皮的木质马镫。辽宁文物考古研究所研究员、"三燕文化"学者田立坤告诉笔者，辽西的慕容鲜卑可能是最早将甲骑具装和马镫应用于骑兵的。正是这些在当时最先进的骑乘装备和防护装具的应用，使慕容鲜卑建立的前燕军力倍增，得以驰骋辽海，逐鹿中原。

● 现代马群

强悍的秦始皇军队并没有装备"马镫"

　　中国直到春秋时期作战仍以车战为主，骑兵仅是一种聊胜于无的力量。那时的战争方式像北京老炮儿"茬架"一样"结日定地"，双方步兵、战车相向对峙，当"车毂相错"时短兵相接，戈、戟、矛、盾纷飞，一次冲击过后已见胜负。骑兵的作用远不如车兵，因此有"一车当十骑，十骑当一车"一说。

　　战国时，七雄之一的赵国

● 古代战车及车士位置示意图

● 三燕龙城复原图

与楼烦、林胡、匈奴等游牧民族为邻，不胜其扰而又无可奈何。由于游牧民族从小长在马背上，勇猛剽悍，擅长骑射，加之胡服衣短袖窄，比起汉服的宽衣博带来，更利于骑射，于是赵武灵王提出"着胡服""习骑射"的主张，很快成为除秦国外，国力最强的国家。列

● 秦兵马俑

国望风景从，纷纷建起自己的骑兵部队。秦国骑兵的强悍更是令列强齿冷。

1974年，当秦始皇的地下御林军从陕西那片黄土下浩浩荡荡地"走"出来时，人们更是被震撼了。但是，如果你到秦始皇兵马俑坑中去看一看，那些与真马一般大小的陶马身上，其他马具齐备甚至已经有了马鞍，唯独没有马镫。

最早的马镫实物出土于辽西冯素弗墓

"完备的马具应当包括衔镳、鞍、镫三大部分，只有马镫的发明，尤其是双镫的应用，才标志着骑乘用马具已经发展到成熟阶段。"田立坤说，"秦汉之际有了马鞍，到东汉后期，出现一种专供达官贵人骑马用的高桥型马鞍——镂衢鞍。这种高桥鞍骑乘时安稳舒适，但不方便上下马，促使人们发明了专供上下马使用的马镫。"

20世纪50年代，在湖南长沙金盆岭出土了一件釉陶马，人们在这匹陶马左侧鞍下，发现一只悬挂着的泥塑三角形小镫，右侧则没有。由于该墓出有模印"永宁二年五月十日作"的阳文篆书墓砖，考古专家认定这是西晋惠帝永宁二年的文物，即公元302年。其后在江苏、新疆、陕西等地出土的西晋、十六国时期的陶马上都发现了马镫。

● 湖南长沙金盆岭西晋永宁二年（302年）墓出土的青釉骑士俑，其中四匹马的前鞍桥左侧下都有一个三角形的马镫，另一侧却没有，可见此马镫是辅助上马使用的

木芯包鎏金铜片马镫

● 辽西冯素弗墓出土的马镫

　　最早的马镫实物发现于辽宁西部的朝阳，不仅数量最多，种类最全，时代最早，而且是双镫。田立坤告诉笔者，1965年，在朝阳冯素弗墓出土了一副木质外包铜皮的双镫；1983年，在朝阳袁台子壁画墓出土一副木芯外包皮革的双镫；1998年，在北票喇嘛洞墓地出土了一副木质加一周薄铜条的双镫。除此而外，在北票北沟、朝阳十二台乡等地都出土了成组的马具。其中年代最早的是北票北沟出土的马具，在三四世纪之际。最晚的是北燕冯素弗墓，为公元415年。

　　冯素弗墓出土的马镫现收藏于辽宁省博物馆。在北票市博物馆，笔者看到的是按1：1比例制作的复制品。其材质为木芯，木芯为桑木，马镫通体用包钉铜片包裹，并鎏金，镫柄上方有一个横长方形透孔。

　　北燕是鲜卑化的汉人冯跋在推翻了前燕后续政权后燕之后，建立的国家。冯素弗是北燕政权中集军政大权于一身的第二号统治人

● 冯素弗墓

● 挖掘冯素弗墓的考古专家冯永谦介绍马镫出土过程

物。在已发掘的前燕、后燕、北燕（史称三燕）40座墓葬中，有10座发现了马具，而且马镫均为双镫，由此可见，至少在三燕时期，鲜卑已将马镫和甲骑具装完美地装备在骑兵队伍中。

若果如考古专家所言，马镫出现在西晋和东晋十六国时期，那么，在《芈月传》《大秦帝国》包括《三国演义》等影视作品中频繁出现的马镫，就都成了笑谈。《三国演义》里张飞与马超大战三百回合，似乎也证明了这一点。由于没有马镫，双方的身体都无法长时间地固定在马背上，所以二人的作战方式一定是骑在马背上，相向对冲，一次冲刺交锋就是一个回合。

金庸小说中的"慕容家族"何以称雄

凡是读过金庸小说的读者，对于慕容这一姓氏都不会陌生。慕容复一心想恢复的大燕国，其实就是五胡十六国时期的"三燕"政权。

2004年考古学家在辽宁朝阳北大街挖掘出"三燕国都"龙城的宫城南门，这一成果入选当年中国十大考古新发现。金庸先生得知发现龙城，不但题写了"慕容街"街

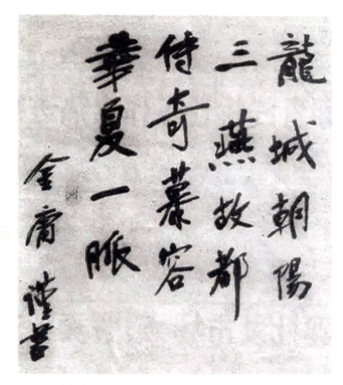

● 金庸题词

名，还为朝阳写了一副对联：龙城朝阳，三燕故都；传奇慕容，华夏一脉。

《天龙八部》中的慕容复，是武林中的绝世高手，与丐帮帮主乔峰并称为"北乔峰南慕容"。真实历史上的慕容家族也是盖世英雄，在群雄并起的时代几年间就崛起为北方霸主，雄居北方近百年。难不成他们真有金庸先生所写的"斗转星移"这一盖世武功？

其实，金庸笔下慕容家族真实的盖世神器就是马镫。最先进的骑乘装备和防护装具成就了慕容家族的盖世英名。

慕容鲜卑一直就是马背上的民族，在东汉时就已"兵力马疾，过于匈奴"了。公元3世纪初迁居辽西后，他们吸收了大量汉族先进文化。中原地区的精金良铁通过不同渠道输入到鲜卑地区，为他们改善、完备骑兵装备提供了充分的物质、技术条件。所以在慕容鲜卑统治的辽西最先产生完备的甲骑具装就不足为奇了。

田立坤介绍，慕容鲜卑于公元337年建立政权，击败其他部落占领东北并进而问鼎中原。除了其在内政上采取了顺应当时形势的政

● 挂毯中描绘的欧洲骑兵

策，得到东北当地大多数汉人和其他少数民族支持外，强大的军事力量尤其是装备完善的重装骑兵起到了重要作用。"三燕"最辉煌时，势力所及除了辽宁西部，甚至达到河北、山西、山东、河南、陕西和内蒙古。

中国马镫助欧洲进入"骑士时代"

三燕文化中的马具首先影响到辽东高句丽，并进而通过高句丽影响到朝鲜半岛南部以及日本列岛。田立坤告诉笔者，高句丽地区4世纪初出现了比较完备的马具，但不论是组合、形制、结构，都可看出是三燕文化直接影响的结果。日本古坟时代的马具出土也比较多，但都能从三燕文化中找到渊源。

为什么朝鲜半岛南部和日本古坟时代的马具都是在5世纪初北燕灭亡后才发展起来的呢？田立坤说，这是因为三燕文化马具的影响不是直接影响的，而是通过高句丽实现的。

欧洲马镫实物的出现更晚，是在公元6世纪的匈牙利阿瓦尔人的墓葬中出土的。而阿瓦尔人是来自蒙古高原的柔然人的后代。北票市博物馆副馆长姜洪军告诉笔者，柔然人被北魏击败后（公元429年），沿草原丝绸之路西迁至欧洲的多瑙河一带定居，并对当时的拜占庭帝国构成了严重威胁。为了消除这种威胁，拜占庭皇帝提比略二世对骑兵进行了大改组，公元580年他又亲自训练骑兵，特别强调必须使用铁制马镫，这是欧洲文献资料中第一次提到马镫。因此，学者们大都认为是柔然人把中国马镫传到了欧洲。

英国科学技术史专家李约瑟说："只有极少的发明像脚镫（马镫）这样简单，却在历史上产生了如此巨大的催化影响，就像中国的火药在封建社会的最后阶段帮助摧毁了欧洲封建社会一样，中国的马镫在最初帮助了欧洲封建制度的建立。"正是中国人发明的马镫，才使中世纪的欧洲进入了骑士时代。

约1600年前，冯业率人登船逃亡后，因遇风暴，最终于今广东新会登岸，受封广东新会，出任新会太守，后封罗州刺史。这位被正史漏掉的北燕王子，便是广东冯姓之始祖，传至今日，已是第45代了！

从岭南到辽西，跨越千年的万里寻根

2015年11月25日至30日，天寒地冻，来自岭南的万里寻亲摄制组一行6人，在广东省高州市委宣传部副部长许金福带领下，来到冰天雪地的辽宁朝阳北票市，寻找"岭南第一夫人"冼英的夫君——北燕王室冯宝祖先的足迹，并代表岭南几万名冯氏后裔，来问祖寻根。至此，一段断裂了约1600年的历史，从此得以接续。

原来，约1600年前，北燕王族后裔冯宝与百越首领冼夫人的一次旷世联姻，竟成为民族融合的里程碑，并开启了岭南发展的新篇章。

一段被掩埋了约1600年的历史

说起"三燕"，史书着笔并不多，人们对它的认识，多是从武侠小说《天龙八部》中慕容复的身世中了解的。

著名考古学家冯永谦告诉笔者："三燕"指的是1600年前五胡十六国时代三个起家于辽宁朝阳、国号均称"燕"的本土王朝，为明晰排序，后世史家将其分别定名为前燕、后燕和北燕。

前燕、后燕均为慕容鲜卑所创，北燕为汉人冯跋所立。这三个王

● 考古学家冯永谦向广东高州万里寻根团介绍北燕

朝加一起时间跨度为99年。前燕、后燕还算是横跨东北、中原，与前秦、北魏分庭抗礼的堂堂大国，而北燕则是栖身冀北、辽西的蕞尔小邦。

关于这三个王朝，历史记述甚略，关键环节都一笔带过，自20世纪90年代，辽宁省考古专家田立坤正式提出"三燕"概念，至今，金庸先生为朝阳题写的"慕容街"三字仍高悬于朝阳市的中心地带。

公元436年，北燕为强大的北魏所灭，北燕末帝冯弘一把大火烧了国都龙城（今朝阳老城），率北燕臣民逃往辽东。公元438年，冯弘为高句丽王高琏所杀，北燕灭亡，几个儿子各奔东西，有一支归顺北魏，成为北魏的名门望族；另一支300人，于437年受父王之命，在冯业统领下，从海边登船逃难，浮海万里，投奔南方与北魏为敌的刘宋王朝。

然而，由于多种原因，相关史书中并没有有关冯业的记载，其南渡广东的历史更是无人知晓，人们只知道冯弘有四个儿子——冯崇、冯朗、冯邈、冯王仁，这个秘密直到2013年，才被一个记者意外地揭开了，这个记者就是辽沈晚报的张松。

无意中被发现的王室后裔踪迹

在辽宁北票，张松向笔者讲述了发现北燕王室后人行踪的经过：

"2013年1月，为采写'三燕寻踪'系列，我从辽宁远赴广东肇庆，访查慕容后人。最令我挠头的就是三燕中的'北燕'，时间短、史料少，且几无线索可寻！不写，凑不足三燕之数；写之，又无从下笔，实属'鸡肋'。正在我左右为难之际，奇迹出现了！

"当时，我在肇庆外宣办坐等慕容后人回复，闲翻报纸。突然，刊发于2013年1月4日的《南方日报》、题为《纪念冼夫人诞辰1500周年》的整版文章映入眼帘，开头有这样一段文字：冼夫人的夫君冯宝为'北燕'王室后裔……起家于遥远北国的北燕王族怎么会出现在岭南高州？历史从未记载北燕后人的去向，亡国后的他们又是怎样漂泊到万里之外的岭南？我立刻求肇庆外宣办副主任伍意万帮我查询此事，电话打到高州，高州人也大吃一惊！辽宁的记者怎么会来采访冼夫人事迹，饮誉岭南的冼夫人是辽宁媳妇？

"我当即驱车380公里，从肇庆直奔高州，在高州住了3天，走进了此前全然不知的高州冼太庙，除了冼夫人，那庙里还供奉着我苦苦寻找的北燕后人：罗州刺史冯融、高凉太守冯宝（冼夫人夫君）、隋朝左武卫大将军冯盎、唐朝洪州都督冯智戴、清代国子监学录冯名望……还有一人不得不提，那就是家喻户晓的、一度为大唐'二当家'

的、骠骑大将军、渤海郡王高力士，他的真名叫冯元一，是冯宝、冼夫人的六世孙！

"原来，1578年前，冯业率人登船逃亡后，因遇风暴，最终于今广东新会登岸，受封广东新会，出任新会太守，后封罗州（今茂名化州境内）刺史。这位被正史漏掉的北燕王子，便是广东冯姓之始祖，传至今日，已是第45代了！

"由冯业至冯融三代均为罗州刺史，然而，作为粤西人，大多不知道冯业、冯融，但冯融之子冯宝却家喻户晓。因为，冯宝是被誉为'巾帼英雄第一人''岭南圣母'的冼夫人之夫君！

"在大唐诤臣魏徵所著的《隋书·谯国夫人传》中有这样一段文字：梁大同初（535年），罗州刺史冯融闻夫人（冼夫人，冯宝之妻）有志行，为其子高凉太守宝（冯宝）聘以为妻。融（冯融）本北燕苗裔。初，冯弘之投高丽也，遣融大父（祖父）业（冯业）以三百人浮海归宋，因留于新会。自业及融，三世为守牧（守指太守，牧指刺史）。"

冯冼联姻共同维护国家统一民族团结

北燕王族流亡他乡，人疏地生亦无强援。到冯融出任罗州刺史时，有职无权，四面楚歌，迫于形势，冯融主动提出与岭南兵强马壮的俚族冼氏联姻，让自己的儿子高凉太守冯宝与俚族首领冼英结为秦晋之好，冯冼联盟，是岭南历史上的大事件！此后，两家联手开发岭南、传播文明、收复海南、平定叛乱、安抚黎庶，终将荒蛮的岭南化为富庶文明之邦。

在冼夫人的协助下，冯宝努力传播汉人的先进文化，教民耕织，用铁制农具代替落后的刀耕火种，帮助当地俚族百姓兴修水利，采用

● 至少在三燕时期，慕容鲜卑已将马镫和甲骑具装完美地装备在骑兵队伍中，不仅使自己的疆域扩大到黄河流域，也促使欧洲进入了骑士时代

"牛耕田"等先进的生产技术。冯宝还在郡内开设教馆，吸纳俚人子弟入学读书，并亲自到馆讲学，高州民间至今还流传有"冯宝指令读诗书"的诗句。

冯宝出任高凉太守前，当地医疗条件十分落后，且充斥迷信观念，俚人一旦患病，便认为是邪魔附体，请来神巫祛病消灾。为扭转这种风气，冯宝经常派人到百姓中宣传防病治病的道理，并将治疗常见病的简单验方传授给当地的少数民族。俚人视其为救苦救难的大恩人，亲切地称他"冯公宝"。

冼夫人也是一位彪炳千古的中华女杰。她智慧非凡、识见深远、心系百姓，她身处王朝更迭的南北朝大乱世，总能把握大势，顾全大局。欧阳纥叛乱时，扣押其子冯仆为人质。一边是国家，一边是亲子，冼夫人派人捎话给身处敌营的儿子：我为忠贞，经今两代，不能惜汝辄负国家！

冼夫人89岁高龄时，还奔波在为朝廷平叛安民的征途中，最终病殁任上。在她的言传身教下，其子孙几乎个个为忠臣孝子，国之栋梁。冼夫人晚年时，曾将历朝赐品陈于案前，面对众儿孙，回首自己波澜壮阔的一生，留下这样一句传世名言：我事三代主，唯用一好心！1957

年，在青岛民族工作座谈会上，周恩来总理发表讲话，称赞冼夫人是中国巾帼英雄第一人！1961年，《光明日报》发表过著名历史学家吴晗写的《冼夫人》，称"冼夫人是我国越族的杰出人物"。现在，冯宝和冼夫人已成为万众敬仰的"岭南之神"，海内外共有2000多座冼夫人庙，在高州他们被老百姓誉为"和合神"，"冼夫人信俗"也被列入第四批国家级非物质文化遗产名录。

就这样，记者张松的"三燕寻踪"因意外的高州一行，因北燕后人与冼夫人的出现，峰回路转！它不再仅仅是查访遗迹、探踪史谜，而升级为中华价值观的求索与回归。"而这感召千年，充满正能量的价值观，正是根植于我们血脉间传承不息的家国情怀。"张松说。

朝阳是"草原丝绸之路"的东端起点，茂名是"海上丝绸之路"的重要节点，两座城市通过冯冼文化进行交流，是一次美丽邂逅。高州寻根一行人先后到北票博物馆、冯素弗墓、大黑山等遗迹拍摄。高州博物馆原馆长、冼夫人研究会副会长张均绍对笔者说，"高州与北票两地同脉同源，文化底蕴厚重，充满生机和活力。希望双方能加强沟通，深化在文化、旅游、教育等产业方面的合作，相互促进、优势互补，为促进两地经济社会发展作出积极贡献"。

● 高州博物馆原馆长、冼夫人研究会副会长张均绍亲自到辽宁朝阳寻访北燕故地

> 一部《聊斋志异》手稿见证了蒲氏后人爱国爱家、坚毅诚实、不畏强权、坚守信念的民族精神，也记录了各级政府对传世国宝的珍视和保护。我们庆幸这半部历经劫难的手稿安然无恙地保存在辽宁省图书馆，又企盼那半部手稿，还能够尚存于天地之间，等待着"兄弟"相认，珠联璧合的那一天。

半部《聊斋志异》成了辽宁省图书馆"镇馆之宝"

四月的西丰，草长莺飞，花红柳绿。春天，又一次悄无声息地来到蒲清章老人身边，74个寒暑在老人指缝间轻轻滑过。几十年来，无论春夏秋冬，风霜雨雪，蒲清章老人每天都会准时来到西丰图书馆看书读报。

在浩如烟海的书籍中，老人尤其喜欢古典文学，尤其是谈到清代著名小说《聊斋志异》，老人的眼睛更是熠熠发光——因为，老人是该书作者蒲松龄的第十世孙。在他心里，珍藏着一段鲜为人知的家国故事，也怀揣着一个企盼另半部《聊斋志异》手稿回辽宁"团聚"的家国梦。

闯关东，《聊斋志异》手稿来到东北

蒲松龄是清初山东淄川人，《聊斋志异》一书的写作大约在康熙

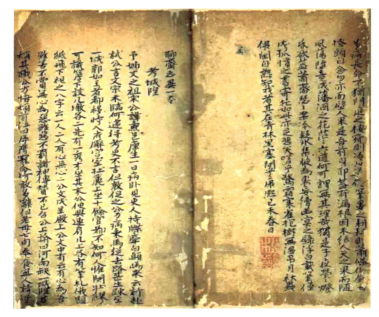

● 《聊斋志异》手稿

前期，边写、边改，历时40余年。蒲松龄临终时曾嘱咐其儿孙"余生平恶笔，一切遗稿不许阅诸他人"。

按照蒲氏谱系命名中"竹立一庭，上国人英，文章显业，忠厚家声……"的排序，蒲清章是蒲松龄第十世孙。据蒲清章老人介绍，清咸丰年间，其曾祖父蒲介人携带《聊斋志异》手稿从山东淄川来到东北，定居沈阳，以卜卦和代写文书为生，虽生活窘迫，不改文人志向。之后，蒲介人将《聊斋志异》手稿传给祖父蒲英灏。

光绪二十年（1894年），蒲英灏供职在盛京将军依克唐阿幕府，依氏得知蒲英灏是蒲氏后代，藏有《聊斋志异》手稿，便商借阅，蒲英灏无奈，只好先以半部借之，阅毕又以另半部相借。恰逢此时，依克唐阿进京参战，不幸染病去世，其所借的半部手稿从此石沉大海，杳无音信，这也成了蒲氏后人至今无法解开的"心结"。

光绪二十六年（1900年）蒲英灏奉命镇守西丰，其家属随迁，将半部手稿带到西丰。蒲英灏去世后又将半部手稿传第五子蒲文珊。

蒲文珊是一个读书人，曾任西丰县立图书馆馆长，对《聊斋志异》手稿的珍视胜过其父。民国二十年（1931年），时任伪满洲国参议、奉天省图书馆馆长的袁金铠得知蒲文珊家藏有《聊斋志异》半部手稿，便向蒲文珊商借。蒲文珊推辞不过，亲自携带手稿面见袁金铠，袁想重金收买这半部手稿，蒲文珊断然回绝。他说："先祖遗墨，仅此稿幸存，虽有欲购者，但贫不卖书，古训昭然，又何忍负先世保存之苦心也……"为此，蒲文珊还被免去县立图书馆馆长职务。此后，又有日本人和汉奸垂涎手稿，要以重金收买，均遭蒲文珊回绝，才使半部《聊斋志异》手稿免遭劫难。

蒲文珊深知这半部手稿对蒲氏家族的意义，为保存好手稿，他在住房的西山墙外盖了一间小房，房里用土墙隔成前后两部分，后面的部分较小，与蒲文珊住的西屋打通，正好是西屋北炕，打通处安了一扇小门，用一个木柜挡在门上。用红木匣存放的《聊斋志异》半部手稿就藏在里面。除在春夏之际适时将手稿拿出通风外，平时从不轻易打开，即使自己的亲生儿女也很少看到。就这样，蒲文珊将半部《聊斋志异》手稿珍藏了20多年。但没想到

● 山东淄博蒲松龄故居里的蒲松龄画像

的是，在土改中被蒲文珊视如生命的这半部《聊斋志异》手稿却险些付之一炬。

经磨难，半部《聊斋志异》手稿成"镇馆之宝"

1947年冬的一天，时任西丰县人民政府秘书的刘伯涛到更刻区元宝沟村检查工作，在农会旧书堆中，他发现了一函两部褪了色的蓝布皮线装书，农民正准备将这些旧书拿来引火用。

刘伯涛小心地翻开书页，"聊斋志异"四个字映入眼帘。只见毛笔字工整秀丽，并多处勾画删改，有的还加了眉批……越看越觉得非同一般。刘伯涛细心查看，发现两部书用的都是早年竹制纸，很可能是蒲松龄的手稿本。

刘伯涛找到1933年由遵化史锡华总司校勘选印的《聊斋志异》影印本，仔细核对，发现不仅笔迹完全一致，而且书内所选文章都出自他手中的两部《聊斋志异》。

1948年6月，已担任西丰县县长的刘伯涛将蒲文珊请到县政府，经过蒲文珊辨认，从旧书堆里发现的手稿果然是蒲松龄的《聊斋志异》手稿。但是，蒲文珊说在土改中失落的手稿是两函四部，现在只有一函两部。剩下的一函两部在哪儿呢？

经过多方打听，刘伯涛终于从元宝沟村一位农民那里打听到，另外一函两部手稿被一位叫王慎之的女同志带到了哈尔滨。于是，刘伯涛连夜给辽东省政府写了一封求援信："《聊斋志异》是中华民族文化遗产，原稿保存至今已有300多年历史，现落在西丰县。土改时发现两函四部，被工作队王慎之同志带到哈尔滨一函两部。因不知王慎之在哈尔滨的工作单位，无法索要。请求组织协助找到王慎之，把原书要回，归还西丰县。"

信发出五个月后，刘伯涛收到了两部从哈尔滨寄还回来的《聊斋志异》手稿。珍贵的手稿失而复得，让蒲文珊感激万分。他经常对子女们说："先人的遗作能由国家保存是物得其所，是手稿的真正归宿。"

1950年，蒲文珊将这半部《聊斋志异》手稿捐赠给人民政府——辽东省文化处，1951年转交东北文化部，经过专家鉴定确为真迹，系海内孤本。稿本两函四部是八册原稿中的一、三、四、七册，除30篇系他人代抄外，均为蒲松龄真迹，是极为珍贵的《聊斋志异》定稿本。时任东北人民政府主席林枫立即批示将《聊斋志异》交东北图书馆妥为收藏，并奖励原稿捐献者。

由于这半部手稿纸质变色、发脆，不宜保存，便请当时沈阳故宫博物院的周福成老师重新装裱，宣纸加衬，作成金镶玉装，使这部书由原来的四册改成现在的八册，并转交东北图书馆即辽宁省图书馆作为镇馆之宝收藏至今。"蒲氏《聊斋志异》半部手稿经历了二百多年的坎坷磨难，最终收藏在辽宁省图书馆实在是值得庆幸的事。"蒲清章老人意味深长地说。

盼团聚，半部手稿等着另半部"回家"

1983年8月15日，是辽宁省图书馆开馆三十五周年纪念日，辽宁省图书馆展出了以《聊斋志异》半部手稿为代表的珍贵古籍，作为蒲氏后人的蒲清章和蒲雁章两位老人应邀参加了纪念活动，并在留言簿上写下感言：感谢党和政府及时挽救了蒲氏先人遗作，它不仅是祖先的心血和智慧结晶，更是中华民族的宝贵文化遗产，期盼早年失落的半部《聊斋志异》手稿早日回家，团聚在辽宁省图书馆。

● 蒲氏后人蒲清章

那么,《聊斋志异》的另半部手稿到底流落到何方了呢? 众说纷纭,莫衷一是。

一种说法认为八国联军侵占北京,下半部手稿在这时被抢去,流落国外。1934年《北平晨报》曾报道说:"苏联科学院远东分院图书馆藏有蒲留仙《聊斋志异》原稿四十六卷。"1941年伪满报纸《盛京时报》曾援引德国的一则消息:"《聊斋志异》部分原稿48卷现存柏林博物馆。"

后又有消息说,在德国发现有蒲松龄题记和印鉴的手迹档案。

另一种说法认为,《聊斋志异》的另半部后来流落到北京一位画家手中。《聊斋志异》下半部手稿在依克唐阿去世后,被军阀张宗昌购得,张宗昌遇刺身亡,由北京一位画家收藏。他把手稿藏在北京平安里旧宅墙里,后来在"文革"中被毁,可惜这都没能得到进一步证实。

一部《聊斋志异》手稿见证了蒲氏后人爱国爱家、坚毅诚实、不畏强权、坚守信念的民族精神,也记录了各级政府对传世国宝的珍视和保护。我们庆幸这半部历经劫难的手稿安然无恙地保存在辽宁省图书馆,又企盼那半部手稿,还能够尚存于天地之间,等待着"兄弟"相认,珠联璧合的那一天。

300多年前，满族服饰伴随着一个王朝入关进京，呼啸而去；300多年后，辽宁欢迎世界各地人民来到赫图阿拉，回到盛京沈阳，体验一个王朝创业的艰辛，感受旗袍故里的百年神韵。

风靡世界的旗袍：从300多年前的赫图阿拉老城旖旎走来

奥斯卡、威尼斯电影节、戛纳电影节，全运会、亚运会、奥林匹克运动会，世界小姐大赛、世界模特大赛、APEC会议……凡让世界惊艳的地方，都有中国旗袍的旖旎身影。

然而，您知道吗？旗袍最早起源于遥远而偏僻的赫图阿拉老城，从辽宁抚顺出发，走117公里，到新宾满族自治县永陵镇，再向东行5公里就是。

1384年，明成祖朱棣在高尔山下兴建了抚顺这座城市，并亲笔御批了八个大字："抚绥边疆，顺导夷民"。不料，260年后，长驱直入北京、夺了明朝江山的恰恰是崛起于抚顺赫图阿拉老城的爱新觉罗氏。历史的吊诡之处还在于，300多年前，爱新觉罗氏在此揭竿而起直捣京师做了皇帝；300多年后，末代皇帝溥仪又在此地被改造成为一名普通公民。

一个王朝的背影就在这历史的潮涨潮落中渐行渐远，但兴起于这个民族的服饰却经过百年改良，一步步走出石砌的山城，走进繁华的都市，走向时尚中心，惊艳了整个世界。这正是中华文化兼收并蓄

● 抚顺赫图阿拉老城

● 整修后的赫图阿拉老城

的魅力所在。

旗袍源于八旗的 "旗装"

日出长白依格啦/月落呼兰哈达/苏子河边树柴栅/马蹄行歌山对答/汗王的城在横岗上/启运的鼓响天下/啊, 遥远的赫图阿拉……

循着这首《遥远的赫图阿拉》, 笔者走进这座遥远的古城, 赫图阿拉的满语意思是 "平顶的小山岗" 的地方。早在公元前82年, 西汉就在此设立了管理北方的行政机构——玄菟郡。此后千余年, 历史波谲云诡, 风起潮涌, 这里一直是中原王朝嘴里一块 "又肥又烫" 的肉。

传说有一天, 大明王朝的皇帝夜观天象, 忽然发现有紫气从辽东方向滚滚而来, 似无数条神龙在腾云驾雾。对于号称真龙天子的皇帝来讲, 有混龙出世绝对是 "是可忍, 孰不可忍" 的事, 于是他派风水先生到辽东破龙脉。风水先生一行人走东沟, 串西岗, 一发现龙脉, 就在龙脖子上挖一道深沟, 或在龙头上修一座小庙, 意思就是割了龙首, 镇住龙气……接连破了九十九道龙脉, 只剩一条离地三尺的 "悬龙", 风水先生琢磨, 既然是悬龙, 不附着在地上, 也就形不成龙脉, 不破也罢。于是, 便回京复命去了。

就在风水先生回京向皇帝复命时, 从遥远的长白山走下来一个人。他背着父亲的骨骸, 来到苏子河畔一个名叫烟囱山的地方, 见天色已晚, 就找到一家客栈。店主人看他背着骨骸, 无论如何也不让他进门。无奈之下, 他只好离开小店, 来到龙岗山下, 把装骨骸的匣子放在一棵大榆树的树杈上。

第二天一早, 这人又来到大榆树下, 可是, 无论如何也拿不下骨骸匣子来, 越使劲骨骸匣子越往树杈里长。他借来一把斧子, 想把树权劈开,可是一斧子下去,大榆树竟然流出了血……他赶紧找来风水先生,风水先生看了看大榆树,又看了看周边山形地势,说:"这儿是块风水宝地,前有烟囱山为照,后有龙岗山为靠,龙岗山有十二个山包,说明你家有十二代皇帝可做。天意不可违,你就把尸骨葬在这儿吧。"

● 努尔哈赤出生地

● 努尔哈赤像

这儿，就是赫图阿拉；大榆树，就是明朝皇帝夜观天象发现的那条"悬龙"；背骨骸的人，就是努尔哈赤的爷爷觉昌安。

传说总有其牵强附会的地方，然而现实有时就这样诡异，你怕谁，就会被谁所灭。就在明成祖朱棣为抚顺御赐完"抚绥边疆，顺导夷民"八个大字的219年后，公元1603年（明万历三十一年），从长白山下来那人的孙子努尔哈赤在赫图阿拉开始筑内城，两年后又筑外城环之。万历四十四年（1616年）正月初一，努尔哈赤在此黄衣称朕，建国号大金，史称"后金"。1619年，后金八旗军在萨尔浒之战中击溃明军，趁势夺取辽东七十余城。1625年，后金将都城从赫图阿拉迁到沈阳，改称"盛京"。1636年，皇太极自称皇帝，改国号为大清。1644年，李自成军攻占北京，明朝灭亡。驻守山海关的明将吴三桂引清军入关，顺治帝北京登基。统治了270多年、修了270多年长城的明朝就这样灰飞烟灭，即便是戚继光修的八达岭、徐达修的山海关也没能阻挡住清军的马蹄。

与清军一路过关斩将挺进北京的，还有八旗人的旗装，并借助清朝强大的皇权统治，引发了中国服饰文化继"胡服骑射""开放唐装"之后的第三次突变。

压抑中爆发出来的喜悦

战国时期，赵国与匈奴长期对峙，深受其害。赵武灵王发现本国军队穿的服装长袍大褂宽袖口，既不方便干活，也不利于打仗，于是命令国人一律穿短衣窄袖、长裤高靴的胡服，挽弓骑马练习射箭，最终消灭中山国，击败林胡、楼烦，成为战国七雄之一。赵武灵王的"胡服骑射"引发了中国历史上第一次服饰变革。

唐代的胡服也风行一时，与胡妆、胡骑、胡乐同为四大时尚，可算异域文化在长安街头一次大面积"逆袭"。清代是继"胡服骑射""开放唐装"之后，中国古代服饰文化发展的又一个高峰。

　　"在婉容寂寞无聊的日子里，制作新式旗袍成为一个重要的内容。从这些历史遗存下来的婉容老照片来看，婉容身着的新式旗袍已经与30年代海派旗袍无异。"沈阳鲁迅美术学院教授满懿，1992

● 穿旗袍
的末代皇后
婉容

年起即师从我国著名民俗学家乌丙安先生，1995年开始民族服饰研究，2005年承担国家社科项目，并结题出版了《旗装奕服——满族服饰艺术》一书，她说，"追溯旗袍本源，抚顺的赫图阿拉作为清王朝的发祥地，被称为'旗袍故里'当之无愧"。

　　"满族人在抚顺新宾的赫图阿拉城创建了'八旗制度'，这是清代旗人的社会生活军事组织形式，也是清代的根本制度。'旗人'所着的服饰被称为'旗袍'。早先的'满族旗袍'是为了便于满族先民马上骑射生活，后来男式旗袍演变成直筒长袍，女式旗袍则演变成为当今中国服饰的时尚。"讲起旗袍的百年演变，抚顺市旅游委主任刘季春如数家珍，条分缕析，他说，"随着时代变迁，'旗袍'经历了'新宾旗袍''宫廷旗袍''民国旗袍''海派旗袍'和'现代旗袍'的世纪演变，如今成为中国和世界华人女性的时尚服装，被誉为中国国粹和女性国服。"

● 辽宁抚顺旗袍表演

1636年是大金改大清，天聪汗改称崇德帝的起始之年，皇太极陆续颁布了宗室王公与福晋、诸臣顶戴品级服色等制度，旗袍从此成为后妃、格格等旗人的法定服饰。

据《奉天通志》卷九十九记载："暨清崛起，满州以武力定天下，全国冠裳皆同一律，于是袍褂、马褂鞋帽之制风行海内。"

从盛京走出的翰林缪润绂在《沈阳百咏》中写道："谁信东京儿女小，梳妆争及凤凰楼。"凤凰楼是当时皇宫内的最高建筑，可见当时旗袍已由皇宫而市井，逐步普及，渐成大众最流行的服饰。

"旗袍虽然被称为旗人之袍，但也并非满族人的凭空想象，而是与中国几千年文明史上的服饰文化相关联的。"沈阳学者初国卿告诉笔者，中国古代服饰史中，最主要的有弁服、深衣和袍三种。袍的历史相当久远，《诗经·秦风·无衣》中有"岂曰无衣，与子同袍"之句。从《诗经》时代开始，袍这种服装样式已经存在了3000多年。只是到了旗人，尤其是清王朝诞生之后，才有了"旗袍"的概念和名称。如此说来，旗袍是当时满族服装与汉族服装相互继承、影响与融合的经典。

二十世纪三四十年代是旗袍的全盛期。尤其是在被誉为"东方巴黎"的上海，线条流畅、贴身合体的旗袍，配以珍珠项链、耳环、手袋等饰品，尽显优雅和高贵。大量知识女性的时髦装束以及当红影星的旗袍装招贴画，迷倒了一代人。宋美龄、林徽因、胡蝶、阮玲玉、张爱玲等身着旗袍的倩影，成为那个年代女装的经典。

京剧是在清朝成长起来的表演艺术，自梅兰芳的父亲梅巧玲先生1882年在"四郎探母"中使用旗装来表演萧太后形象，此后汉族以外的所有其他民族形象均用满族服饰来表演，且不分朝代。

然而，正像其他新生事物一样，旗袍也经历了命运多舛的过程，二十世纪三十年代、六七十年代，旗袍都因"女性的身体曲线、高耸的胸部与裸露小腿"而被视为淫荡屡屡被禁，然而，就像乌云不可能遮盖住阳光，查禁和封堵也永远不能掩盖住透过旗袍展现出来的中华女性之美。伴着改革开放的春风，中华旗袍的曲线之美、韵律之美再一次绽放。20世纪80年代以后，邓丽君、巩俐等都用身体语言对旗袍的华美与典雅做了最好的诠释。尤其是张曼玉在《花样年华》、陈数在《倾城之恋》中的旗袍造型，让二人曼妙的身姿和优雅的气质得到了最精致的发挥。

"旗装造型完整严谨，清高不凡，一扫过去服饰的沉闷与庸俗，却又毫无冶艳和媚俗之态。正是它的出现，给中国服装的样式、色彩、做工，带来强烈的视觉冲击和从压抑中爆发出来的喜悦。"满懿教授说。

"旗袍故里"终于实至名归

2017年7月9日晚的抚顺，美丽的月牙岛生态公园火树银花，在一段美妙的原创歌曲《遥远的赫图阿拉》之后，抚顺市委常委、常务副市长蒲信子接过了中国服装设计师协会授予的"旗袍故里"牌匾。

"与其他地区的服饰不同，满族旗袍一直处于不断地转变过程中。正因如此，旗袍才能从一个部落服饰逐渐发展成为当今时尚女性喜爱的服饰。但是万变不离其宗。"满懿教授向笔者介绍，满族旗袍无论是旧样还是新款，只是围绕着合体—宽松—合体，或长或短的服装时尚轨道而不断变化着，核心服制从未改变：①连身，从没采纳汉族服饰中的上下分身制。②无褶无皱，平直端庄，从没追求汉服的宽

● 时任抚顺市委常委、常务副市长蒲信子接过了中国服装设计师协会授予的"旗袍故里"牌匾

大与飘逸。③侧摆开衩，无论衩口的高低移动，无论单双，从没改变开合形制，从没遗失源于马背的袍服特点。④以扣代系，多姿多彩的祥扣，以民族服饰细节的方式，从来没有离开旗袍的衣襟。

被授予"旗袍故里"称号后，辽宁纺织服装协会会长王翀饱含深情地表示："新宾被授予'旗袍故里'称号，不仅仅是新宾、抚顺的事情，更是辽宁的事。旗袍是一个重要的满族文化符号，无论是从文化旅游的角度还是从产业发展来看，打造'旗袍故里'，以这一满族文化符号带动整个产业发展，都大有可为。"

为了唤醒人们对于古老传统的记忆，新宾满族自治县旅游局2016年开始面向全社会提出了"寻找百年老旗袍、讲述旗袍背后故事"的倡议，倡议发出后，乡亲们翻箱倒柜，找出当年祖辈留下来的老物件，85岁的石奶奶一个人就找出3件老旗袍。她说："旗袍就是我们满族人的衣服，我们要把它传下去。"

笔者看到，"旗袍小镇"坐落于新宾满族自治县县城的西部新城，用地面积15.44万平方米，旗袍服饰手工生产基地、旗袍主题商业

● 旗袍源于八旗的"旗装"

步行街、旗袍文化传媒影视中心、旗袍学院、旗袍公园等30多个主题项目次第展开。

　　300多年前，满族服饰伴随着一个王朝入关进京，呼啸而去；300多年后，辽宁欢迎世界各地人民来到赫图阿拉，回到盛京沈阳，体验一个王朝创业的艰辛，感受旗袍故里的百年神韵。

2024年1月1日至12月10日，沈阳故宫参观人数突破500万，不仅彰显了其作为文化遗产的无限吸引力，更映射出沈阳文化旅游市场的蓬勃发展。与2023年同期相比，参观人数增长了17.29%，已成为国内外游客心中热门打卡地。

沈阳故宫："皇帝女儿"不愁嫁

论年龄，它比北京故宫小219岁；论面积，它仅为北京故宫的1/12；此外，2万多件的藏品更是无法和北京故宫相提并论。

然而，400岁的沈阳故宫仍然以其独特的关东风情光彩照人。如

● 特色立宫

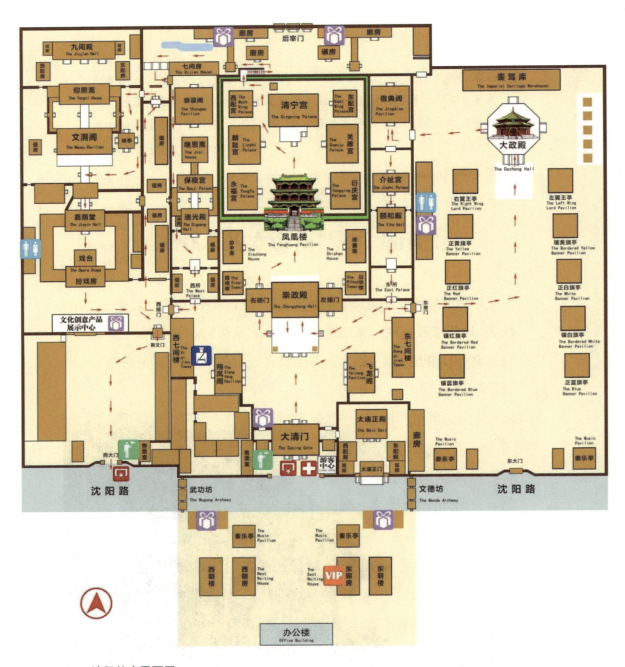

● 沈阳故宫平面图

果说北京故宫是汉族建筑的杰出代表，那么沈阳故宫就是集多民族建筑艺术于一身的文化瑰宝。

特色立宫

沈阳故宫东路的大政殿为八角重檐攒尖式建筑，外形酷似满族先民狩猎时所搭帐篷。大政殿南，同样是帐篷化身的十王亭燕翅排列，如众星拱月。大政殿是6岁的福临继承帝位的地方，也是摄政王多尔衮领命入关直捣中原的地方，十王亭则是左右翼王和八旗大臣办事的地方。君臣合署办公的现象通过这种独特的建筑方式表现了出来，为中国宫殿建筑史写下了空前的一页。

中路的凤凰楼和后宫建在人工堆积起来的土岗之上，"宫高殿低"是满族皇宫独有的现象，和北京故宫形成了鲜明的反差。满族先人是一个以游猎为主的山地民族，长年生活在山林之中，逐渐形成了择高而居的生活习惯并代代相传。从努尔哈赤在建州卫起兵始，不论在建州老营、赫图阿拉、萨尔浒山城，或是在辽阳东京城，都把生活区的"宫室"建在山地之上或半山坡上。沈阳故宫也一脉相承，清宁宫等后宫五妃的住所均建在人工堆砌的高台之上，而崇政殿等则建于平地。

皇太极夫妇居住的清宁宫里，"口袋房，万字炕，烟囱竖在地面上"，具有浓郁的满族风格。

清宁宫外，至今立着一根长长的木杆，上面放着一只小碗，这就是满族人重要的祭祀工具"索伦杆"。这反映了满族人的特殊信仰：满族人认为乌鸦是"神鸟"，祭祀时向杆上的小碗里放置五谷碎肉，请乌鸦来食。而大清门屋顶黄琉璃瓦外镶以绿色剪边，既保留了以黄为尊的传统习俗，又体现了满人对故乡山林的眷恋。沈阳故宫博物院院长武斌对笔者说，我们保护世界文化遗产，就是要原汁原味地保护好这些独具特色的东西，让它们以原生态示人。

真品示人

我国是世界四大文明古国之一，博物馆从来不乏藏品，但许多博物馆的"靓女"往往"养在深闺人未识"，观众难得一见"尊容"。沈

● 从沈阳最高楼遥望沈阳故宫

● 大政殿

阳故宫博物院不但长年坚持以真品示人，而且注重挖掘、展示文物背后的精彩故事，以真品吸引人，用故事打动人。

专家们经过反复权衡，终于从沈阳故宫珍藏的众多文物精品中，敲定了清太祖努尔哈赤御用宝剑、清太宗皇太极御用腰刀和御用鹿角椅、清乾隆御笔"紫气东来"金漆赶珠龙纹匾等"十大镇宫之宝"，并陆续与游客见面。

1631年，皇太极率兵用红衣大炮轰击大凌河城，吓得山间野兽四处逃窜。一只惊慌失措的鹿窜进皇太极大帐，被捕获，皇太极以其鹿角制成鹿角椅。清朝入关后，作为祖宗遗物，皇太极鹿角椅被珍藏在沈阳故宫内库。康熙、乾隆、嘉庆、道光等皇帝东巡盛京时，都要"恭瞻"皇太极鹿角椅，已成为一项礼制。如今，深藏内库、供几代皇帝"恭瞻"的鹿角椅带着美丽的传说走近公众，游客们当然趋之若鹜。

昏暗的灯光、模糊的图片、生硬的说明、真假莫辨的实物和仿制品，已成许多博物馆固定的展览模式，沈阳故宫博物院大胆打破定式，多种形态展示文化珍品，常换常新，吊足了观众的胃口。2005年春节期间，沈阳故宫推出"乙酉大吉文物展"，专门将和鸡、吉有关的文物集中展览出来；2006年春节期间，推出了"清代宫廷饮食文化展"，其中一个看点就是乾隆皇帝时期的一个冰箱；2007年春节期间，推出"院藏岁寒三友绘画展"和"清代满族萨满祭祀展"，这些新颖独特的展览形式给观众耳目一新的感觉。

　　为了逼近真实，他们原状陈列"展现皇帝日常工作和礼仪庆典的场所""展现帝后生活场景的场所""展现皇帝祭祀活动的太庙""乾隆帝、嘉庆帝、道光帝东巡期间居住的行宫""曾收藏《四库全

● 沈阳故宫十王亭

书》的文溯阁"等五个方面的内容。

　　"沈阳故宫古建筑技术展"除了图文并茂地介绍这座宫殿的历史和建筑外，还特别展出了维修过程中拆卸的脊、兽瓦件，同时利用先进的电脑制作技术，将大政殿的营建过程用3D画面进行大屏幕演示，从而让观众直观体验皇家宫殿的建筑过程。

　　尤其值得一提的是，在沈阳故宫博物院，不仅能观赏到这座皇宫内的奇珍异品，同时也能欣赏到来自世界各地的文化瑰宝。2006年8月，沈阳市民不用千里迢迢到法国，就在沈阳故宫举办的"法国版画400年——卢浮宫馆藏版画展"上，见到了蒙娜丽莎那神秘莫测的莞尔一笑。开展首日，故宫共接待了近6000位国内外游客。2017年5月中

旬，"韩国高丽纸纸工艺品展"在沈阳故宫博物院举行。秋季，法兰西第一帝国皇帝——拿破仑·波拿巴在逝世186年后，其传世文物于沈阳故宫展出。

故宫，已成市民和游人的文化盛宴。

复活历史

1636年正是历史上皇太极改国号为大清的日子，也是沈阳故宫建成之时。这一天，大政殿前，一袭红袍的乐师们钟磬齐鸣；十王亭下，320名八旗官兵身着红黄蓝白等8种颜色的服装，手持长矛、方戟、腰刀、弓箭和盾牌迎风而立；大清皇帝在皇后和群臣簇拥下，迈着方步款款而来……

这不是电影，这是2017年5月18日——国际博物馆日，沈阳故宫博物院根据历史真实复原的1636年清宫庆典，中央电视台全程直播了这一宏大的场景。

如果用一句话概括沈阳故宫的皇家礼仪展演，那就是非物质文化遗产与物质文化遗产的有机结合。他们通过物化了的形态，挖掘出了蕴藏在实物背后的精湛技艺和丰富精神内涵，让历史从沉睡的书本里走了出来。

沈阳故宫博物院研究人员已根据史料记载，改编了七部皇家礼仪展演剧目：《皇格格下嫁》《清太宗出巡》《盛京清宫新春朝贺典礼》《册封五宫后妃》《万寿庆典》等。它的成功之处就是严格按照典籍记载"活化"历史片段，当游客走进来时，触摸到的不再是冰冷的建筑，而是鲜活的历史和浓浓的生活气息。

2005年春节，沈阳故宫推出了"到沈阳故宫过大年"春节文化系列活动：这边山呼万岁之声刚罢，那头歌舞表演即起。"皇帝"显然对今年的皇家庆典非常满意，便将早已写好的"吉""庆""福""寿"等大字赏给"群臣"。

当"皇上"将一个个包装精美的"荷包"抛向前来故宫参观的游客时，众人纷纷伸手抢"御赏"的景象让皇家礼仪展演活动达到了高潮，游客们在参与的喜庆氛围中感受到了浓浓的节日气息。

一位家住故宫附近的老大娘兴奋地对笔者说："我每年都到故宫里面游览六七次，近几年来，故宫里举行的各种活动太多了，故宫每天都是新的。"

● "到沈阳故宫过大年"文化活动

从东北易帜，枪毙杨宇霆、常荫槐，到武装调停中原大战，许多惊心动魄的大戏在这里上演。加上张学良与赵四小姐的旷世绝恋，帅府让众多观光客在此驻足。

大帅府：让"传奇父子"留住游客脚步

在努尔哈赤、皇太极父子建造的沈阳故宫南面，是另一对传奇父子张作霖、张学良的府邸。从直奉战争到张作霖被炸，从东北易帜，枪毙杨宇霆、常荫槐，到武装调停中原大战，许多惊心动魄的大戏在这里上演。加上张学良与赵四小姐的旷世绝恋，帅府让众多观光客在此驻足。

博物馆如何留住旅游者的脚步？沈阳张氏帅府博物馆原馆长郭俊胜向笔者揭开了谜底。

● 位于沈阳昭陵的皇太极塑像

修旧如旧，给游客一个真实的帅府

"博物馆与旅游相结合是博物馆发展的大趋势，但发展旅游的前提是保护好文物。"郭俊胜向笔者介绍，"1931年九一八事变，张氏帅府遭受了空前的浩劫；'文革'期间，又雪上加霜，原本恢宏的张氏帅府满目疮痍。"

"1988年，鉴于张学良将军卓越的历史功勋，经辽宁省政府批准，张学良旧居陈列馆正式对外开放。"郭俊胜说，"本着尊重历史、尊重科学的态度，按照古建维修原则和传统工艺要求，我们对三进四合院、大青楼、小青楼、赵一荻故居、边业银行进行了多次维修，并于1989年、1990年先后举办了庆祝张学良将军寿诞及祝寿书画作品

● 青年张学良像

展等活动，有力地配合了海内外各界人士争取张学良将军全面自由的行动，博物馆也因此受到了海内外的广泛关注。"

郭俊胜继续娓娓道来："2002年2月，张学良旧居陈列馆正式更名为张氏帅府博物馆，并举行了"百年张学良""张作霖与张氏家族展"，大青楼、小青楼整体复原陈列等一系列展览。2006年12月1日，在原张氏帅府私家银行——边业银行基础上建立的沈阳金融博物馆正式对外开放。至此，张氏帅府博物馆由当初的一个院落、一个基本陈列，发展到展出面积7339平方米，对外开放面积3万平方米，集收

藏、研究、展示为一体的综合类博物馆。"

见物见人，让历史在老建筑里复活

博物馆为啥不吸引人？郭俊胜认为就是见物不见人。"昏暗的灯光、模糊的图片、生硬的说明、真假莫辨的展品，很难吸引游客的目光。"

张氏帅府博物馆建馆以来，一改以往单纯陈列的布展方式，充分挖掘老建筑内所承载的历史内涵，让观众既见物又见人，体验世事沧桑。据郭俊胜介绍，"近年来，我们每年都投入大量资金，进行文物回

● 辽宁沈阳大帅府大青楼

收、征集，收回许多珍贵文物，包括宣统皇帝溥仪御赐给张作霖的龙袍，张作霖使用过的墨盒、水獭帽，帅府当年的红木茶几、挂钟、吊灯，张学良的公文包、怀表、印章以及专门从美国征集回来的张学良晚年用品。尤其珍贵的是，我们从中国电影资料馆找到30分钟的帅府影像资料片，并依据这些影像资料恢复当年的帅府花园，更新了门神、楹联和牌匾"。

"大帅府的历史极其丰富。过去人们获知这些历史，多从两个渠道：民间传说和专家介绍。民间传说随意性太强，多有夸张、不实之词，而专家文章又过于专业，普通百姓理解上有困难。"郭俊胜告诉笔者，"为了让普通市民更鲜活地了解帅府，博物馆与媒体合作，开辟《大帅府钩沉》栏目，把专业的学术成果通过通俗的故事叙述出来，将很多民间的误传更正过来。以此激发读者兴趣，继而走进博物馆，一探虚实。"

张学良和赵四小姐的爱情，可谓惊世骇俗。一个十六七岁的女孩，不顾家庭阻挠，孑然一身来到沈阳，36年没名没分地守着张学良，并过了50个辗转流迁的幽禁岁月。这故事足以打动人心。令人不解的是："赵四小姐楼"是一座二层小楼，建筑面积400多平方米，里面有许多房间，赵四为啥独独选定二楼东北角一个常年阴冷背光的房间做卧室？专家经过实地观察发现，在这个房间，隔着窗子就能看到大青楼里少帅的办公室。这段凄美的爱情故事，经过解说员的讲解，感动了多少游客在帅府前流连驻足。

1928年6月4日晨，张作霖在皇姑屯被炸身亡后，为提防日本人制造事端，东北军封锁消息秘不发丧。急于知道张作霖生死的日本人，派日本驻奉天总领事夫人到小青楼打探消息。五夫人张寿懿浓妆艳抹、神态自若，造成张作霖健在的假象，从而骗过了日本人。"这是一段真实的历史，然而由于年代久远，人们多已淡忘，如今，您走进帅府，就可以看到由五位博物馆讲解员表演的'真人秀'，生动再现了这一段历史。"郭俊胜告诉笔者。

宣传推广，让博物馆走出深闺

"游一座大帅府，观半部民国史"，在沈阳市人流稠密地区，经常可以见到这样的广告。郭俊胜告诉笔者："酒香也怕巷子深，以前帅府锁在深闺人未识，如今包括美国、日本、韩国等地的游客接踵而至，是我们不断宣传推广的结果。"

"张氏帅府博物馆建馆以来，充分运用互联网、电视传媒、报纸杂志、户外广告等多种媒介，不断曝光亮点和热点，世界博物馆日、东北文博会、北京奥运会，帅府从不放弃任何一次机会。我馆精心制作的流动宣传车已成为行走在城市间的流动风景线。"郭俊胜对笔者如数家珍。

面对游客越来越个性化的要求，博物馆专门配备了轮椅、拐杖、婴儿车、雨伞、针线包等物品，为游客提供免费存包、代办邮政等服务。同时，博物馆还开辟了英语、日语、韩语、手语讲解等特殊的服务项目。统一定作的民国服饰，为聋哑人量身订作的手语解说词，是该馆服务至上理念的真实写照。

雷锋精神之所以被亿万人接受，不是行政手段、法律规范、纪律约束所能做到的，更不是金钱和物质所能换取的。这是思想的认同，心灵的契合，是一个灵魂出入另一个灵魂的碰撞、启迪和接纳。

一个人，一座金矿

辽宁鞍山，是一座建在宝藏上的城市，挖出来的是铁，运出去的是钢。

60多年前，一个小个子工人从这里走出，走进军营，一直走进伟大的共产主义战士的行列。

60多年后，又一位小个子似的人物，戴着安全帽，穿着工作服，走进了共和国的光荣史册。于是，这座生产钢铁的城市、成了锻造

● 伟大的共产主义战士雷锋

英雄的"红色熔炉"。熊熊的炉火照亮了浩瀚的星空,也温暖了整个世界。

从此,一个人,变成了一座金矿。

● 辽宁抚顺"百姓雷锋"颁奖仪式现场

第一故乡湖南望城——"天天学雷锋,人人成雷锋"

望城,一个地处湘中东北部、湘江下游的小县城,因为雷锋,而成为长沙市下辖的一个区,也因为雷锋,成了全国人民高山仰止的道德高地。

80多年前,一个贫苦的"庚伢子"在这里呱呱落地;80多年后,人们蓦然回首,"庚伢子"已成丰碑。

开国领袖在新中国成立后,只给一个人题过词,那就是他;全世界唯一一个以国家名义为一名士兵设立的纪念日,那就是3月5日学雷锋纪念日。

在每个人都渴望成为一枚晶莹宝石的时候，他却甘愿做一颗钉；在每个人都向往长成参天大树的时候，他却甘愿做一片绿叶；在每个人都梦想成为无边大海的时候，他却只想做大海里的一滴水……正是因为谦逊成就了他的伟大，正是因为平凡让他成了亿万人的偶像。

如今人们提起雷锋，已经不仅仅是把这个名字和先进人物个体联系在一起，而是把一切美好的事物和善良的行为统称为雷锋。雷锋，是一个名字，更是一种精神；雷锋精神，属于一个时代，更属于恒久不变的心灵呼唤。

"在望城，民间学雷锋的活动这些年从没中断过。"望城区政府负责人介绍。

各行各业的职工们立足本职做好工作，"岗位学雷锋，发展在望城"；

● 沿着雷锋的足迹前进

家家户户在社区开展便民互助、结队帮扶，"家庭学雷锋，幸福在望城"；

中小学校传承雷锋精神，续写雷锋日记，"少年学雷锋，希望在望城"；

全体市民在生活中随手献出点滴关爱，"人人学雷锋，温暖在望城"……

第二故乡辽宁：四个城市"争"雷锋，全省人民捍卫雷锋

瓢儿屯站，是位于沈阳和抚顺之间的一个三等小站，60多年前的那个冬天，鹅毛大雪下了一夜。凌晨5点刚过，客运员王海滨拿起木锨准备除雪，朦胧中发现有人在站台上除雪。"是谁来这么早呢？"走近一看，原来是一位身材不高、身穿军装，戴着厚厚棉帽子、长着一张娃娃脸的军人。此后不长时间，这个戴着棉帽子、手握冲锋枪的"娃娃脸"，挂在了全国每一处建筑的墙上，印在了全国人民的心中。

鞍山人说，从湖南到辽宁，鞍山是雷锋北上的第一站；辽阳人说，"辽阳是我的第二故乡，弓长岭就是我的家"这句话，是雷锋白纸黑字自己写的；营口人说，雷锋部队当时驻扎在营口；抚顺人说，雷锋在抚顺待的时间最长，最后还长眠在了这片土地上。四个城市为什么都在"抢"雷锋，是因为雷锋把无私奉献的精神洒在了他走过的每一寸土地上。

雷锋在工业战线仅工作了一年零两个月，共荣获18次标兵，5次红旗手，3次先进工作者。入伍参军后不到一年，先进事迹就登上了《抚顺日报》，不到一年半，就当选为抚顺市人大代表。

雷锋和郭明义这两位代表时代精神的先进典型同出自辽宁，这是

辽宁的骄傲，同时，辽宁也肩负着弘扬和发展这种伟大精神的重任。

面对经济体制深刻变革、社会结构深刻变动、利益格局深刻调整、思想观念深刻变化的新挑战，辽宁从来没有放弃自己的选择，坚定地站在雷锋一边。抚顺的《"雷锋吧"宣言》开宗明义：雷锋是社会主义核心价值的人格化，这就决定了"雷锋吧"是一个"英模吧"，是传播雷锋文化，弘扬社会主义核心价值的新平台、新载体。我们不欢迎质疑、贬损、抹黑雷锋精神的帖子，不喜欢不健康的意识与言语。

"雷锋精神与社会主义市场经济""雷锋精神与跨世纪的中国""雷锋精神与弘扬民族精神""弘扬雷锋精神与构建和谐社会"，一次又一次的理论研讨会，仿佛一支支火炬，引领雷锋精神走过"文革"十年浩劫、经受住市场大潮的冲击，一直占领中国人精神的制高点，成为引领我们前行的一面不倒的旗帜。

正如一位专家所说："无论把个体生命假设得如何理性、利己，也不管市场经济的强力，将'利益最大化'的度量方法塞进多少人思维的毛孔，有一点可以肯定，纯粹物质利益驱动下的生活，不会给我们带来十足，甚至是起码的幸福感，而雷锋，让你我感到美好与温暖。"

共同的故乡中国——雷锋不死，雷锋精神永恒

有人说："要了解世道人心的变化，最便捷最实惠的莫过于看男的都想娶谁，尤其是女的都爱跟谁了。"

抚顺"雷锋吧"里，发过一个投票帖：如果雷锋还活着，你愿意嫁给这样的"傻"小伙吗？有一半以上的人投了"愿意"票。网友"村姑小薇"留言说："我会的！小伙子对别人还那么好，对老婆肯定更好！"

● 雷锋战友乔安山又来看望老战友

雷锋研究所原所长翟元斌说："判断中国社会道德状况，必须分清主流和支流、区分现象和本质、辨识主观与真实。无论当前人们的价值观如何多元，当今中国的主流道德观念依然是积极向上的。"这一点，从"雷锋吧""雷锋博客"等网络媒体的留言和评论帖里可见一斑。

在"雷锋吧"里，有一个"老人摔倒，该不该扶"的话题，尽管有人也表示"很纠结"，但更多的网友则表示："尽管有的时候好人不是那么好当，但我一定会去扶。""对于道德遇到的尴尬，其实不必过度渲染。杭州'爱心妈妈'的实例足以说明中国人的道德素质。"有位雷锋团的战士在网上留言：我一生最值得骄傲的是能在雷锋团服役了12年，雷锋精神永远激励着我，影响着我的世界观、人生观。如果这也是一种错，我愿意错上加错。

有位女网友，网名叫zqyy0924，因为感情问题想自杀，在网上遇到一位30岁的女网友，不仅苦口婆心劝了她一晚上，还通过银行卡打给她500元钱。事后，zqyy0924在"雷锋吧"里留言：就在我怨天尤人，埋怨上天不公平的时候，好人却都让我碰见了——雷锋在我心中，我以后有出息了，会帮助更多的人。

从湖南到辽宁，雷锋走出了一条写满大爱的人生之路；从辽宁到全中国，雷锋精神如滔滔江河之水四处奔流，奏响了一曲互助奉献的时代强音。

"雷锋精神之所以被亿万人接受，不是行政手段、法律规范、纪律约束所能做到的，更不是金钱和

● 这应当是一张全国知名度最高的照片

物质所能换取的。这是思想的认同，心灵的契合，是一个灵魂出入另一个灵魂的碰撞、启迪和接纳。"著名散文家杨沛霖说。

同样，我们也忘不了那一个个闪光的名字——

丛飞，一位不幸早逝的"歌手义工"，183个孩子的"父亲"。为了让贫困孩子们受教育、过上好日子，他散尽数百万资产，甚至没有给自己留下看病的钱。

李维贺，河北承德一位老人，常年打工，偿还儿子病逝留下的7万元债务，与一诺千金、默默资助病逝同学的父母的一群河北农大学生一起，共同谱写了一曲大爱之歌。

张凤毕，辽宁大石桥农民，为偿还儿子交通肇事欠下的巨额债务，倾家荡产，带领全家人上山开荒种树还债，临死留下遗嘱："债要还清，人要成才，树要成林。"

郭明义，这个和雷锋一样，从钢城走来的军人，带着他的170余支

爱心团队，6万多名注册志愿者和600余万名铁杆粉丝，浩浩荡荡地向我们走来。

如果说，60多年前，雷锋是在抚顺升起的一轮明月，那么，半个世纪后，全国各地不断涌现出来的"郭明义们"，就是点亮华夏的满天繁星。

雷锋不死，雷锋精神永恒！

雷锋工作在鞍山、辽阳，入伍在营口，施工、牺牲在抚顺，在竞争"雷锋第二故乡"的时候，四城市不打嘴仗较内功，不搞内耗谋共赢，共同打造出一道亮丽的道德风景线——

四个城市"争"雷锋

鞍山、辽阳、营口、抚顺都是雷锋生活和工作过的地方，每个城市都说自己是"雷锋的第二故乡"。可喜的是：四个城市"争雷锋"，不打嘴仗较内功，不搞内耗谋共赢，在丰富雷锋精神内涵、创新学雷锋载体上，不断地出新出彩，从而形成一道亮丽的道德景观带。

● 雷锋工作照

● 抚顺市"百姓雷锋"颁奖现场

不打嘴仗较内功

1958年9月，雷锋响应支援鞍钢号召，从湖南来到辽宁，在鞍山做了一名推土机手。不久，雷锋出席了鞍山市青年社会主义建设积极分子代表大会。鞍山是雷锋来到辽宁后的第一站，所以鞍山人说："鞍山当然是雷锋的第二故乡。"

1959年8月20日，雷锋来到条件更为艰苦的辽阳弓长岭焦化厂工作。虽然在这里只生活和工作了142天，却多次获得标兵、红旗手和先进工作者称号，并写下了"青春啊! 永远是美好的""人的生命是有限的，可是，为人民服务是无限的""对待同志要像春天般的温暖"等20余篇日记。不仅如此，雷锋在弓长岭还有个"家"。当年，他认安平乡姑嫂城村村民吕长太夫妇为干爹干妈，每个月从微薄的工资中拿出一部分补贴他们。如今，吕长太的儿子——雷锋的"义弟"吕学广是弓长岭区的学雷锋标兵。为了证明当地就是"雷锋的第二故乡"，辽阳人找到了雷锋入伍后为灾区捐款的汇款单，上面，雷锋亲笔写道："辽阳是我的第二故乡，弓长岭就是我的家。"

营口也不甘示弱。史志办的同志甚至把雷锋在营口的时间精确到每一段。"雷锋1960年1月8日入伍到营口，4月7日前往抚顺执行施工任务，同年秋末随部队返回驻地营口参加冬训，1961年春节后再次去抚顺执行任务。"2009年，黄亚洲率电视剧《雷锋》剧组到沈阳、抚顺等地采风，没有安排营口这一站。史志办的同志知道后，费尽周折找到黄亚洲，反复沟通，终于得到了黄亚洲的积极回应，在电视剧中增加了营口的内容。

雷锋在抚顺工作的时间最长，有两年多。1960年4月，雷锋随部队来到抚顺，当年12月，《抚顺日报》就刊登了介绍雷锋事迹的长篇通讯《毛主席的好战士》和《雷锋日记摘抄》。1961年6月，雷锋当选为抚顺市人大代表。雷锋牺牲后，时任抚顺市委书记的沈越把预备给自己老母亲送终的棺椁献了出来。1962年8月17日，抚顺召开了"公祭雷锋大会"，走进送葬行列的竟有十几万群众。

● 乔安山为战友雷锋扫墓

一个人就是一桶金。营口市文明办的同志告诉笔者：雷锋精神是弥足珍贵的道德资源。我们争雷锋的目的不是往个人脸上贴金，而是为城市寻找精神发动机。

正因为如此，辽宁四个城市的党委和政府明确提出：学雷锋要多练内功别打嘴仗；多合作别内耗，错位发展共建双赢。抚顺市从2006年开始，每年举行一届"百姓雷锋"评选活动。该活动产生了包括"捡"来一个妈，将其伺候到101岁的王芳琪；义务巡路30年，从铁道线上抢救出十几名遇险儿童的古稀老人张玉兰；宁可借钱，也不拖欠农民工工资的王振英；答应只代几天课，结果一代就是20多年的民办教师徐金英。就是这些平凡如小草、熟悉如邻居的平凡英雄托起了抚顺的精神山峰。

营口市除了评选"我心中的雷锋""美德少年"，还开展了"我们村里的热心人"评选活动。93岁的王继善老人，几十年来，口挪肚攒为村里修了3座桥，几年前，他找到村党支部书记徐克钦："我还想修一座桥，老了，干不动了，我出钱，你能帮我建不？"徐克钦含着眼泪，给老人跪下了："大爷，钱，我不要；桥，我们修。"如今，长5米，护坝136米的"惠民继善桥"已耸立在村头。

在鞍山，郭明义振臂一呼，全国有14个省份、160余支队伍、6万多人加入他的爱心团队；在辽阳弓长岭，一个不到10万人的城区，实名登记的学雷锋志愿者已有11238人。

从自发到自觉，从"单枪匹马"到"志愿者团队"，从"一阵风"到"常态化""制度化"，变化的是载体，不变的是精神；变化的是方式，不变的是传承。

不搞内耗谋共赢

2011年6月10日，鞍钢的郭明义从抚顺市市长王桂芬手中接过证书，正式成为抚顺雷锋纪念馆的名誉馆长。郭明义满含深情地说："抚顺是雷锋精神的发源地，能被聘为抚顺市雷锋馆的名誉馆长，非常荣幸。我一定常来抚顺，为雷锋纪念馆的建设和发展出谋划策。"抚顺市委领导说："郭明义担任抚顺雷锋纪念馆的名誉馆长，当之无愧。"

郭明义和雷锋都在鞍钢的矿山工作过，同属一个军区、同一个兵种，而且，都是通过时任兵役局政委的余新元介绍入伍的。

当时，雷锋的月工资是30多元，而部队月津贴只有6元。余新元问雷锋："这么好的条件，你为什么要放弃？"雷锋说："我7岁成了孤儿，是共产党和新社会救了我，我当兵就是要保卫祖国。"而郭明义当时的理想是：能够像雷锋那样，从鞍钢走出去，成为一名光荣的解放军战士。同样的理想，让两个人穿越了时空，走到了一起，也让雷锋精神在辽宁生生不息，薪火相传，成为全省14个市共有的精神财富。

如今，在辽宁，有6处雷锋纪念场所——抚顺雷锋纪念馆、沈阳军区雷锋纪念馆、鞍钢雷锋事迹博物馆、营口雷锋入伍宣誓纪念碑、辽阳弓长岭区雷锋纪念馆、凌海市雷锋事迹陈列馆，有全国第一家雷锋精神研究所，有第一本《雷锋精神研究》杂志，有第一家学雷锋网站。雷锋团、雷锋路、雷锋岗、雷锋储蓄所、雷锋小学……数不胜数。

"半个世纪以来，我省学雷锋活动始终坚持，从未间断。"辽宁省委宣传部的同志说。学雷锋活动已经成为我们加强社会主义精神文明建设和公民道德建设的重要内容和重要载体，成为全省人民广为熟知、普遍认可的一个重要品牌。

尤其是在雷锋身边工作过的战友、工友们，不仅是雷锋精神的传播者、践行者，还是雷锋精神的忠实捍卫者。雷锋在弓长岭焦化厂的工友石素芹老人，坚持长年不懈地宣传雷锋精神。有人质疑雷锋频繁跳槽是这山望着那山高，老人很生气，说："雷锋到焦化厂，条件非常艰苦，吃住都不如鞍钢本部，没有牺牲精神，能来吗？"

网上有人质疑雷锋事迹的真实性，家住上海的雷锋连长虞仁昌、家住沈阳的排长薛三元、家住抚顺的同宿舍战友乔安山，一起站出来为雷锋辩护；原雷锋纪念馆馆长张淑芬，历数雷锋纪念馆馆藏文物，以文物的真实性、可靠性和可信性一条一条进行批驳。针对个别人对雷锋照片的怀疑，家住鞍山的张峻拿出照片来，一张一张地解释。有人欲借雷锋初恋炒作自己，住在辽阳、鞍山、营口、抚顺等地的17位雷锋战友致电此人，旗帜鲜明地表示反对，然后又找到所谓的雷锋女友王佩玲，使其亲口证实"我和雷锋确确实实是姐弟关系"。

正是因为有了这些城市、这些人的坚守，在许多典型人物转瞬即逝、眨眼就成流星的信息时代，雷锋才成了一棵常青树，成了一颗灿烂的恒星。

没有输家全是赢家

一天清晨，家住营口靶场小区的鲁学理老人正在楼下遛弯，忽然，一张一张百元大钞从天而降。仔细一看，六楼一位中年妇女正从阳台上往下抛钱，楼下居民一时不知所措。"赶快帮着捡钱，然后交到我这儿。"鲁大爷喊着，和大家一起捡了起来。当时风很大，很多钱都吹到了棚子顶上，几个小伙子搭起人梯，把散落在高处的钱拾了回来。鲁大爷一数，38210元。鲁大爷急忙送还给楼上的中年妇女的妹妹，她数了两遍，一分钱不少。

2004年7月7日深夜，盖州市杨运镇钟屯村村委会主任孙宪仁家突然闯进5名蒙面歹徒，手持小口径手枪、双筒猎枪和匕首，欲抢劫白天旅游景点开业收到的13万元善款。孙宪仁巧妙地向村会计传递了危险信号，近百名村民抡起铁锹木棒，迎着枪声，抓获了其中的4名歹徒。

一个时期以来，一系列道德灾难事件，如毒奶粉、瘦肉精、地沟油以及"小悦悦事件"，引发了社会各界普遍的道德焦虑。一时间，"中国社会道德整体滑坡论"甚嚣尘上。从辽宁各地不断涌现出来的好人好事看，中国社会道德的基本生态并没有变。大谈所谓的整体滑坡论的人不是别有用心，就是误断。

生活中从不缺少雷锋，缺少的是发现雷锋的眼睛。笔者看到，从抚顺、到营口，从鞍山、到辽阳，到处都是热火朝天地学雷锋场面，到处都有活雷锋。

抚顺市全力以赴创建"雷锋城"，鞍山

● 雷锋塑像

市瞄准"当代雷锋城"发力，营口市冲刺全国学雷锋基地，辽阳市弓长岭区打造雷锋城区。无数个雷锋式的模范人物，更像一束束火炬，点缀着共和国璀璨的星空。

年仅21岁的抚顺青年李恒太，就读重庆科技学院，为救落水儿童不幸失踪，山城重庆3000多万市民为之动容，把"感动重庆十大市民"称号送给了这个来自"雷锋城"的小伙子。

抚顺市越野跑俱乐部经理乔胜利，出差广州，途经湖南郴州，发现一名女乘客突发急病，挺身而出，从长沙站下车，背着已处于脱水状态的女乘客赶到医院，代交了5000元住院押金，护理了一天一夜，被传为佳话。

在营口，有一位60多岁的退休老工人叫邢云发，他在临河而居的几十年里，先后搭救过失足、轻生、不慎落水的群众30多人，被称为"救人专业户"。

在弓长岭，雷锋的工友石素芹向笔者讲述了这样一件事：一次，她所在的社区文艺队有位老人突发心脏病，大家赶紧把他抬到路边，并向路过的车辆招手求救。不一会儿，旁边就停了几十辆车，既有出租车，又有私家车，也有单位公车。

在做好事屡遇尴尬，甚至连"老人摔倒了该不该扶"都成为网上议题的今天，"雷锋叔叔"在辽宁却层出不穷，原因就是辽宁人崇敬雷锋，善待雷锋，以雷锋为荣。抚顺清原县农民袁存泉，高位截瘫后，用嘴叼着笔写出200万字的文学作品，帮助别人解开无数个心理疙瘩。在他被评为"百姓雷锋"的典礼上，他的女儿袁月洋是一身朴素的打扮，却无比自豪地说："别人跟我比衣服、比玩具，我和别人比爸爸。爸爸是我永远的骄傲！"

● 当代雷锋郭明义和大学生一起畅谈学习雷锋体会

"争"得好

近一个时期，全国各地名人故里之争硝烟四起。从李白故里到曹操高陵，从诸葛亮的躬耕地到西门庆的狮子楼，都成了趋之若鹜的"香饽饽"。抛开"弘扬文化""探讨学术"等华丽的外衣，人们看到的是赤裸裸的、散发着铜臭味的利益之争。

然而，在这一片喧嚣当中，在辽宁，在抚顺、营口、鞍山和辽阳四个城市之间，我们欣喜地看到了一场"高尚的、纯粹的、脱离了低级趣味的"道德竞争。与诸多城市之间吵架拌嘴、互相贬低，甚至"放黑枪""挖墙脚"不同，辽宁四城市在一片阳光下竞争，目标一致、错位发展、优势互补、异彩纷呈，共同扮靓了老工业基地璀璨的道德星空。因此，我们说：四个城市"争"得好，"抢"得漂亮。

争出了辽宁老工业基地的精气神。抚顺、鞍山、辽阳、营口都是资源型城市。资源型的城市，注定是奉献型的城市。当地下资源逐渐枯竭，雷锋精神恰恰为城市提供了源源不断的精神动力。面对严峻的经济形势，辽宁经济不仅没有减速，反而脱颖而出，十四个城市竞相发展，县域经济、城区经济、服务业全面开花。

争出了雷锋精神穿越时空的魅力。"雷锋同志没户口，三月来了四月走。"这是困扰许多城市的尴尬难题。如何让学雷锋活动由"一阵风"变成"四季歌"，由"单出头"变成"大合唱"呢？四个城市各自探索，共同发力，不仅学习，而且通过实践捍卫雷锋精神，使雷锋精神长久不衰。

争出了道德星空一道亮丽的风景线。抚顺的百姓雷锋，鞍山的当代雷锋，营口的热心人，弓长岭的工人雷锋……一个个独具特色的学雷锋品牌，形成了一道耀眼的道德景观带，也带动了整个辽宁的道德建设。雷锋精神生生不息，薪火相传，为全国的学雷锋活动常态化提供了"辽宁模板"。

经专家、学者及收藏家对200余件关于《义勇军进行曲》文献资料的研究整理，发现田汉、聂耳当年创作《义勇军进行曲》的核心创作素材，来源于抗战前线的义勇军军歌、誓词及通电文稿。

国歌响起的地方

——辽宁专家谈《义勇军进行曲》的素材来源

"起来，不愿做奴隶的人们，把我们的血肉筑成我们新的长城……"每当这雄壮的旋律响起，不论是白发苍苍的老人，还是稚气未脱的孩童，民族荣誉感和爱国情怀顿时在心中油然而生。国歌中的每一个音符，都激励着中华儿女用生命和行动来捍卫祖国的尊严。

● 文艺演出现场

　　"国歌巨大的感召力，源于那个战火纷飞的年代，义勇军将士浴血奋战的故事。"辽宁社会科学院抗战文化研究中心专家张洪军告诉笔者，经辽宁省相关专家、学者及收藏家对200余件关于《义勇军进行曲》文献资料的研究整理，发现田汉、聂耳当年创作《义勇军进行曲》的核心创作素材，来源于抗战前线的义勇军军歌、誓词及通电文稿。

　　1931年，九一八事变后，中国共产党及时发表宣言，提出坚决抗日、收复失地的号召。在党的影响和推动下，东北民众揭竿而起，各地抗日义勇军纷纷兴起，揭开了中国人民抗日战争的序幕，在中国东北大地上燃起了民族自卫抗争的烽火。在两年多的时间里，抗日义勇军发展到50多万人，同日伪军进行大小战斗3000多次，给日伪军以沉重打击。

　　"义勇军誓词歌是《义勇军进行曲》创作的重要素材来源。"张

● 沈阳九一八纪念馆的警示钟

洪军告诉笔者。九一八事变爆发后，辽宁省黑山县人高鹏振组织了抗日队伍"东北国民救国军"，驰骋转战于辽西大地，多次率部痛歼日寇。期间，"东北国民救国军"创作了一首以《满江红》曲调咏唱的义勇军誓词歌："起来！起来吧，不愿做亡国奴的人们，山河碎，家园毁，父母成炮灰，留着我们的头颅有何用？拿起刀枪向前冲！杀！杀！杀！"这首歌很快在辽西各路义勇军中传唱，在传唱中又对歌词进行了创新，使义勇军誓词歌有了多个版本，成为田汉创作《义勇军进行曲》的重要素材来源之一。

田汉把收复东北失地的希望寄托在义勇军身上，他认为义勇军是抗日的中坚力量。因此，在1935年为《风云儿女》电影写主题歌时，田汉写出《义勇军进行曲》，重现了义勇军冒着敌人炮火前进的大无畏精神，成为歌颂义勇军伟大业绩的英雄史诗。张洪军告诉笔者，从《义勇军进行曲》的内容来看，以及从《义勇军进行曲》与义勇军誓词歌的相似度来看，田汉是看到过该誓词歌和《血战归来》等文章的，并因此受到极大的震撼，于是激发了他的创作欲望。

笔者走进位于辽宁本溪满族自治县的东北抗联史实陈列馆，一幅幅生动的历史图片，一件件饱经沧桑的文物，诉说着那段沧桑的历史。展览中，聂耳谱曲的《义勇军进行曲》原件十分醒目，铿锵有力的音符将人们带回到那个烽火年代。张洪军告诉笔者，1933年初，聂耳曾经到过辽宁省建平县朱碌科镇，慰问驻守的抗日义勇军骑兵部队，相信那时候他的心中已萌发了《义勇军进行曲》的种子。

"《义勇军进行曲》不只限于一个小的地区，不只限于一支或几支义勇军队伍，他是整个中华民族的共同呼声。"张洪军说，"国歌立法是对中华民族爱国主义传统的肯定，更是对中国抗战十四年的肯定。"

长期以来，九一八事变在很大程度上被简单认定为中日关系的产物，沈阳的诸多涉日纪念场馆也大都定位于面向国内的爱国主义教育基地。为此，专家提出，应从更宏大的视野看待九一八事变，站在整个世界反法西斯战争的高度，重新规划沈阳城市定位，把它建设成同柏林、斯大林格勒一样的世界历史文化名城。

最早的抗争　最后的审判
——专家呼吁从世界反法西斯战争高度重新定位沈阳

九一八之夜，王铁汉打响的第一枪，不仅是中国14年抗战的开始，也是世界反法西斯战争的开始。1956年的沈阳审判，不仅是"二战"后历次审判中的最后一次审判，实际上也为"二战"画上了圆满句号。

然而，长期以来，九一八事变在很大程度上被简单认定为中日关系的产物，沈阳的诸多涉日纪念场馆也大都定位于面向国内的爱国主义教育基地。为此，中国近现代史专家王建学提出，应从更宏大的视野看待九一八事变，站在整个世界反法西斯战争的高度，重新规划沈阳城市定位，把它建设成同柏林、斯大林格勒一样的世界历史文化名城。

● 沈阳九一八纪念馆残历碑

中国的抗战是世界性的抗战

"夜十时许，日军自爆南满铁路柳条湖路段，反诬中国军队所为，遂进攻北大营……"九一八历史博物馆，巨石雕塑成的残历碑，无声地控诉着日本军国主义暴行。

驻守在沈阳北大营的东北军陆军独立旅第七旅六二零团团长王铁汉，拒绝执行不抵抗命令，下令打响抗日第一枪，从而拉开了中国人民14年抗战和世界人民反法西斯战争的序幕。

"九一八事变是日本推行大陆政策的重要环节，而大陆政策本身就是一个国际性战略，九一八事变是其中关键的一个步骤。"辽宁省社会科学院历史研究员张洁说。

　　九一八事变像一枚定时炸弹，震惊了世界。各国的目光迅速聚焦在中国东北。各种进步媒体纷纷予以谴责，对日本的野心予以揭露。

　　随着全球范围内国际性冲突的发生，德国和意大利也在霸权道路上屡屡得逞。德、意、日在对外扩张的需求上沆瀣一气，结成法西斯轴心同盟。有同盟为后盾，日本更加疯狂地致力于"建立东亚新秩序"，欲全面夺取英、美在远东的利益，吞并中国和南洋各地。1941年底，日本悍然挑起珍珠港事件，将九一八之夜点燃的战火，蔓延到了东南亚又至太平洋，战祸波及全球。

　　法西斯国家的倒行逆施终于推动了世界反法西斯同盟的形成，在世界人民的联合斗争中，日本走向败亡。毛泽东提出："伟大的中国抗战，不但是中国的事，东方的事，也是世界的事。"

　　"理性认识并深刻揭示九一八事变的国际性实质，可以在民族的

● 勿忘九一八主题撞钟鸣警仪式

● 历史不能忘记

基因和历史的相承中透彻梳理日本近期和长期的政策走向,这对于维护世界和平具有深远的历史意义和现实意义。"张洁说。

沈阳拥有丰富的"二战"遗址、遗迹、遗物

14年的抗争,书写了许多可歌可泣的故事,也留下了丰富的"二战"遗存。王建学教授对笔者说,沈阳抗战文化在某种意义上说是"二战"历史的一个缩影,其完整性、连续性和典型性在世界"二战"历史文化名城中不可多得。

沈阳的九一八历史博物馆、盟军战俘营纪念馆以及沈阳审判遗址都是具有真正国际意义的纪念场馆。尤其是沈阳盟军战俘营,是日军专门为关押盟军战俘而修建的规模庞大的战俘营,曾经关押过美国、英国、澳大利亚、荷兰、新西兰和新加坡等盟国的战俘。这是日本军国

主义分子无视国际法，残暴剥夺多国人民人权的遗址罪证，也是中国人民和盟军官兵并肩作战的重要见证。

修建于1907年的东北军北大营，是东北军官兵打响抗日第一枪的地方，原有15排营房，现仅存三栋。很长一段时间，北大营一直淹没在历史的烟尘当中，直到近几年才被发现。

三洞桥是张作霖被炸的地方，是个重大遗址。张作霖作为北洋政府的最后一任元首被帝国主义暗算，这是巨大的国耻！很长时间这儿只立一个牌，最近开始启动建设博物馆。

其他重要的遗址遗迹还有："奉天驿"（今沈阳站址）、"日本驻奉天总领事馆"（今沈阳迎宾馆址）、"日本奉天警察署"（今沈阳市公安局址）、"满铁奉天公所"（今沈阳市少儿图书馆址）、"日本关东军司令部"（原沈阳市总工会办公楼）、"大和旅馆"（今辽宁宾馆）、"奉天忠灵祠石碑"（现存于九一八历史博物馆）。

2014年2月27日，全国人大常委会表决通过将9月3日和12月13日分别确定为中国人民抗日战争胜利纪念日和南京大屠杀死难者国家公祭日。王建学教授说："国家从立法层面确立抗战胜利纪念日，这为沈阳建设'二战'历史文化名城创造了有利的社会条件。"

把沈阳建成世界反法西斯名城

"中国为'二战'胜利所付出的牺牲不应被遗忘。"英国牛津大学中国中心主任拉纳·米特说，"中国的抗日战争为'二战'的胜利作出了重大贡献。这不仅对中国的命运至关重要，对塑造当今世界格局也发挥了关键作用。"

沈阳不仅是中国的沈阳，更是世界的沈阳，为了巩固和提高沈阳

● 卢沟桥的狮子

在世界反法西斯战争中的地位，王建学教授和张洁研究员撰文，提出四点建议：

1. 提升重要涉日纪念馆的品位，适时向国际化转变。沈阳涉日纪念馆的定位不能再局限于面向国内的爱国主义教育基地，而是要尽快转变为面向国际社会的多功能性的一流的大型展览馆。

2. 将和平区的"欧风一条街"恢复本来面目，打造"满铁奉天附属地一条街"。建议从沈阳站到中山广场，利用保护完好的日式建筑群按照修旧如旧的原则恢复本来面貌，使之成为和帅府、故宫一样的旅游景点。

3. 北大营遗址纪念公园的规划应该尽快实施，建议遵循打造"二战"历史文化名城的思路一次性规划到位，做成面向国际的大型遗址公园。

4. 把打造"二战"历史文化名城作为沈阳文化建设的系统工程来抓，进行文化产业开发。沈阳的抗战文化具有系统性、全面性、连续性和典型性特点，所以完全可以进行系列开发，把日本侵华相关的遗址、遗迹、历史纪念馆等绑成一条旅游专线，向国内国际推广。

1870年，普鲁士军队占领法国阿尔萨斯，法语老师韩麦尔满怀悲愤为学生上了最后一堂母语课。61年后，同样的一幕再次发生，这一次的主角是奉天师范学校毕业的赵老师，地点在距沈阳105公里的海城腾鳌。

最后一课

1870年9月，普鲁士军队占领了法国的阿尔萨斯，学生们被迫改学德文，法语教师韩麦尔满怀悲愤地给学生上了最后一堂法文课。原来并不爱学习的小弗郎士，第一次感受到母语之美，感受到痛失学习母语权利之恨。

1931年9月，日本发动九一八事变，消息传到距沈阳105公里的海城腾鳌，奉天师范学校毕业的赵老师给学生们讲了上边这篇《最后一

● 1873年，法国作家都德出版了著名小说《最后一课》

课》，讲到最后，语调已经哽咽，同学们更是失声痛哭。

与法国小说《最后一课》不同的是，发生在辽宁海城腾鳌堡小学的故事是件真事，故事的主人公不是小弗郎士，而是13岁的杨增志。

现在的杨增志尽管身体硬朗，但耳朵背。好在长期从事日本殖民教育研究的著名历史学家齐红深，几年前就为老人录制了口述笔录。从笔录中，笔者知晓了腾鳌堡小学后来的故事：

"九一八事变后不久，学校就停课了。直到第二年伪'满洲国'成立后，才复学上课，但赵老师讲的《最后一课》中的情形，真实再现了——学校不允许使用原来的课本。老师叫学生拿来黑墨，涂去原来课文中爱国的内容。再后来，同学们再也看不到赵老师的踪影。有人说，赵老师参加了抗日义勇军；还有人说，赵老师跑关内抗日去了。"

日本人对中国的侵略，除了军事侵略，还有文化侵略。相比于军事侵略，文化侵略更有计划性、普遍性和欺骗性，其目的是要从根本上切断你的文化血脉，让你不知道自己从哪儿来，因而不知道该向何处去。1945年出生的齐红深，毕业于南开大学中文系，1984年调入辽

● 日本老师在台上大讲"日满一德一心"

宁省教育厅编写教育志。在查阅资料时，他发现的三种日本侵华时期出版的"满洲教育史"中都说："满洲自古自成一区，向不隶于中国。"对于这种蓄意歪曲事实的行径，老人很气愤，决心写出中国自己的《东北地方教育史》。

齐红深老人联系上2万多位见证人，整理出2000多人的口述，编成800多万字的口述史，用无可辩驳的事实还原了日本殖民教育的真相，被誉为"中国研究日本殖民教育第一人"。

● 齐红深（后）为杨增志（前）记录口述历史

老人告诉笔者，早在1905年，日本占领旅大地区后，硝烟还没散尽，就发布通令，推广殖民教育经验，指出占领后的"首要任务是教育事业"。日本内阁首相田中义一在给天皇的奏折中也说："中国东三省宜多设教育机构……教育华人养成亲日心，造成东三省人民永远亲日。"

本来在日军入侵东北前，东北即拥有大专院校近30所；日军占领东北后，东北大学、冯庸大学等大多流亡关内，其他多被日军查封，而打着"民族协和""共存共荣"口号的伪"满洲国"最高学府——建国大学旋即成立，粉墨登场。

"日本老师在台上大讲'大东亚共荣圈'，可是我们听到的、看到的却是武汉沦陷、太原沦陷、徐州沦陷、南京沦陷……一群群中国人家破人亡、流离失所，我们作为中国学生，能无动于衷吗？"上完《最后一课》，1933年考入南满中学堂，1938年考入建国大学的杨增志，多次寻找进关杀敌的机会不成，遂下定决心在校园里抗战，为此组建了秘密抗日组织，不料计划泄露，1941年被捕，1943年被判处无期徒刑，在狱中受尽酷刑，直到1945年日本投降。解放后，杨增志长期从事教学工作，退休于吉林工学院。

● 齐红深向笔者展示由他主编的《日本侵华教育史》

笔者在辽宁各地采访，发现日伪统治时期，东北人民反抗日本殖民教育的壮举比比皆是。在辽宁庄河高中，有一位被称为"庄河蔡元培"的校长宋良忱，他1912年毕业于金陵师范大学，因为读了蔡元培的文章《对新教育之意见》，深受启发，毅然回到家乡办教育。九一八事变后，同时兼任县教育局局长的宋良忱，坚决抵制日本奴化教育，直到1935年，他的学校历史、地理、英语、国语教材仍沿用中华书局或商务印书馆翻印旧本，这引起日伪的不满，1936年他被调离庄河中学，改任县电话局局长。宋良忱初心不改，毅然加入安东（今丹东）抗日救国会，并会同其他爱国人士成立庄河分会，1937年惨遭日军杀害。

在沈阳市沈河区承德街3号，有座三层红砖小楼，88年前是张学良将军亲手创办的同泽女子中学。九一八事变后第二天，校长曹德宣把全校师生集合到礼堂，悲壮地说："昨晚，日本帝国主义占领了沈阳，我们是张学良办的学校，日本人不会让我们办下去。"学生们立时哭作一团。没过几天，日军果然占领了学校，学校改成了警务厅，体育馆成了牢房。

为揭露日本帝国主义的罪行，该校教师阎述诗创作了许多爱国歌曲，引起了日本人注意，被迫流亡北平。1935年，由他谱曲的《五月的鲜花》诞生，先是在学校里传唱，后来逐渐传到抗日团体，成为鼓舞中国人士气的"壮歌"。

阿尔丰斯·都德在短篇小说《最后一课》中说："亡了国当了奴隶的人民，只要牢牢记住他们的语言，就好像拿着一把打开监狱大门的钥匙。"日本人处心积虑的殖民教育，不仅没有泯灭中国人的记忆，相反让人们对自身的认识更加清晰。齐红深老人告诉笔者，没事的时候，他愿意到日本殖民时期老百姓的墓地里转转，尽管他们的生命终结在日伪横行时期，但墓碑上"原籍山东""原籍湖北""原籍湖南"的标记，与伪"满洲国"纪年或日本纪年一起，似乎在向人们无声地宣誓：我是中国人。

● 卢沟桥事变是中国人永远也抹不掉的记忆

从"红山文化玉猪龙"到国家级非物质文化遗产"阜新玛瑙雕";从明清时"满族酿酒工艺"到民国四大银楼之一的"萃华金店";从全国第一个风机专业制造厂到第一艘航空母舰,辽宁从古至今都不缺实干精神和工匠基因。

辽宁：为"干"字立碑的省份

中华民族是"龙的传人",那么,最早的龙出在哪里？辽宁阜新查海遗址出土的8000年前石块堆塑龙,是迄今为止发现的最早的龙形遗迹。

"龙出辽河源"是学界比较一致的看法,但在公众层面却鲜为人知。

辽宁鲜为人知的故事还有很多——

比如恐龙。早在6500万年前,恐龙已经从地球上灭绝。多年来,动画片、教科书、博物馆都这么说。然而20世纪末,中国科学家在辽西发现的带毛恐龙化石表明,恐龙并没有灭绝,有一支小型兽脚类恐龙已经变成了鸟儿,正在我们头上飞。

比如长城。打小我们就知道,长城东起山海关西到嘉峪关,可是从丹东鸭绿江边发现的虎山长城告诉我们,明长城在辽宁还有1218.81公里,从而验证了《明史》"终明之世,边防甚重。东起鸭绿,西抵嘉峪,绵亘万里,分地守御"的说法。

比如抗战。2017年教育部发文,要求当年所有国家课程和地方课程的教材，将以往"八年抗战"的说法一律改为"十四年抗战"。因为九一八事变当晚，东北军陆军独立第七旅第六二零团团长王铁汉在北大营率先打响了抗战第一枪。之后，东北人民反抗日本侵略的抗争从未间断。中华人民共和国的国歌就取材于抗日义勇军的军歌。

比如文明起源。按传统观点，中华文明发源于黄河流域。然而，辽西蒙东红山文化的发现证明，西辽河流域也是中华文明的摇篮。长江流域也是中华文明的摇篮因为良渚申遗成功而广为人知，而5000年前先民用红土捏成的红山女神，依然像40多年前刚出土时一样端庄、不语。

● 辽宁丹东大梨树村"干"字碑

实　干

在辽宁丹东大梨树村万亩果园的最高峰，矗立着一个9.9米高的"干"字，这便是远近闻名的"干"字碑。

几十年来，大梨树村就是靠这种"干"字精神，在老支书毛丰美的带领下，把一个"吃粮靠返销，花钱靠贷款"的穷村，建成了总资产超5亿元，人均收入超2万元的社会主义新农村。

如今，毛丰美虽然去世了，但又一个巨大的"干"字石碑已矗立在沈阳黄河南大街与泰山路交会处，成为辽宁人共有的精神财富。

翻开地图，你就会发现，辽宁恰好处于农耕文明与游牧文明、大陆文明与海洋文明的衔接处。2000多年前，秦皇、汉武甫一登基，都没有忘了到他们的北方"海上国门"走一遭，为今人留下了著名的"碣石宫"和"观海台"。

特殊的地理位置赋予这块土地特殊的使命。2015年以来陆续打捞出水的"致远舰"和"经远舰"，见证了近代以来中华民族的不屈和抗争。

新中国成立后，"一五"计划期间，国家把156个重点项目中的24个安排在辽宁。辽宁没有辜负全国人民的期望：为全国供应了17%的原煤、27%的发电、60%的钢，生产出新中国第一架喷气式飞机，第一枚导弹，第一艘万吨轮船，创造出1000多个"全国第一"。

担　当

辽宁是"共和国工业长子"，受益于计划体制，也受制于计划体制。

20世纪90年代末，辽宁仅沈阳铁西一个区就有13万人下岗，90%的企业停产半停产。以往人声鼎沸的北二路被称为"下岗一条街"，全国最大的工人聚集区"工人村"被称为"度假村"。

然而，辽宁没有消沉。第一家承包租赁经营责任制企业、第一支上市企业股票、共和国公有制企业第一"破"……辽宁靠改革走出了困境。

啥是改革？用辽艺话剧《父亲》中的下岗工人老杨头的话说，"改革就是变着法地要把国家往好里整，咱工人前面就是有地雷阵也要蹚过去"。

2011年起，辽宁经济增速持续下滑，2016年跌至谷底，居全国最

● 沈阳铁西广场雕塑

后一位。一时间,唱衰东北声音又起,"断崖式下滑""全面失速""自由落体"等雷言雷语不绝于耳。

说一千道一万,不如一个干!处于舆论旋涡中心的辽宁,始终保持"共和国工业长子"的战略定力,深入贯彻习近平总书记对东北、对辽宁振兴发展作出的重要指示精神,专心致志谋发展,踏踏实实练"做"功。

笔者翻阅辽宁制订的行动计划。发现这些计划将中心工作细化到年、安排到季、落实到月。同时,设置时间节点、完成标准,倒排工期、绩效对账。对抓而不紧、抓而不实的,严肃问责。

一步一步拱,一锤一锤钉,终使顶层设计变成了基层的细密针脚,使规划方案从"纸上"落到了"地上",使习近平总书记的重要指示精神生了根、开了花、结了果。

如今辽宁经济增速重返6%以上。这意味着辽宁经济走出了最困难时期,开始跟上全国步伐,进入了平稳健康发展轨道。

比"加速度"更让人们欣喜的是"含金量"。辽宁经济质量转高、效益转好、结构转优,动力更足。

创　新

24台移动机器人,24名轮滑运动员,在冰面上往来穿梭,借助运动轨迹和高科技实现的影像变化,次第展示凤凰、中国结、中国龙、高铁、大飞机等中国元素。2018年平昌冬奥会上,"北京八分钟"惊艳了世界。这支"梦之队"的幕后英雄就是沈阳新松机器人科研团队。

"工匠精神"是"辽宁制造"的核心所在。辽宁社科院研究员王焯告诉笔者,从"红山文化玉猪龙"到国家级非物质文化遗产"阜新玛瑙雕"；从明清时"满族酿酒工艺"到民国四大银楼之一的"萃华金店"；从全国第一个风机专业制造厂到第一艘航空母舰，辽宁从古至今都不缺工匠基因。

　　5000年前的红山人，就在辽西那块红土地上制造出了美轮美奂的玉器。以至于很长一段时间，人们都以为那是商周甚至是汉代文物。直到1984年，考古学家从牛河梁积石冢墓主人头下发现一件马蹄形玉器，胸部发现一对玉猪龙，人们才相信这是5000多年前祖先的

● 雕塑《力量》

杰作。

今非昔比。如今辽宁境内坐落着115所高校、1700个科技机构。辽宁有54位两院院士、460万产业技术工人，科技进步对经济增长贡献率达到55.5%。

"辽宁舰"入列、首艘国产航母下水，舰载歼击机、水下机器人、全身扫描CT机、30万吨油轮……辽宁不仅为共和国锻造出了一批大国重器，也锻造了一批享誉中外的英雄模范。

2013年3月6日，习近平在参加辽宁代表团审议时说，雷锋、郭明义、罗阳是我们的"民族的脊梁"，要充分发挥各方面英模人物的榜样作用，大力激发社会正能量。

忠诚担当+创新实干，长子情怀+工匠精神，辽宁，正疾驰在全面振兴、全方位振兴的路上。

一眼千年

遥望五千年中华文明的绚丽日出

三

文化名人

拂去岁月的泥土，千年等待、千年孤独的红山女神，终于露出了她高贵而又神秘的笑容，碧绿的眼睛温柔地注视着5000年后的子孙，一瞥惊鸿。顺着这目光，人们在大凌河畔惊喜地发现了一个5000年前文明古国的倩影。

郭大顺：长城外面是故乡

辽西的山既不巍峨，也不挺拔，是连绵起伏的一道道山梁而已。然而，就在这苍凉的山里，却掩藏着一个5000年的秘密。魏武帝、唐太宗北征的马蹄声，清世祖入关的炮声，以及当地农民赶牲灵的吆喝声，都不曾打破这里的宁静。

1983年，他和他的考古队员们来了，用考古铲轻轻拂去岁月的泥土，千年等待、千年孤独的红山女神立即露出了她高贵而又神秘的笑容。她碧绿的眼睛温柔地注视着5000年后的子孙，一瞥惊鸿。

顺着这目光，人们在大凌河畔惊喜地发现了一个5000年前文明古国的倩影，找到了

● 郭大顺接受采访

中华民族在长城以北的老家，并由此查到了传说中的五帝行踪。

他叫郭大顺，河北省张家口人，1965年北京大学历史系考古专业研究生毕业，1968年分配到辽宁省博物馆，1983年至1994年任辽宁省文化厅副厅长兼辽宁省文物考古研究所所长，1998年退休，现为辽宁省文物考古研究所名誉所长、中国考古学会常务理事，北京大学中国考古学研究中心专职教授。

发现女神

郭老家的室内陈设和他一贯的装束一样，朴素典雅。面门客厅的墙上，挂着著名考古学家苏秉琦先生写的一首诗：华山玫瑰燕山龙，

● 红山女神
出土时的情形

● "日出红山"大型展览在北京开幕

大青山下斝与瓮。汾河湾旁磬和鼓，夏商周及晋文公。短短28个字，把中华文明的"龙""花"渊源和相互交融概括得淋漓尽致。笔者采访的话题就从这首诗开始。

郭大顺在北大学习期间，师从苏秉琦教授，专攻新石器时代考古。实习地点是洛阳的王湾遗址、山东大汶口遗址和江浙地区，中原地区丰厚的文化积淀和灿烂的古代文明让他羡慕不已。然而，1968年毕业时，他却被分配到了山海关外的辽宁。

郭老说："山海关外的辽西当时还被视为古文化的偏远地区，就新石器时代和青铜时代考古来说，文献记载很少。"然而，他以一个考古人的敏锐，隐隐约约感到，那片因干旱而龟裂的红土里，一定埋藏着什么秘密，至今不肯与后人打照面。

早在20世纪初，日本人类学家鸟居龙藏就注意到了内蒙古赤峰市郊的那片褐红色山峦；1922年至1924年，法国神父、自然科学博士桑志华多次到过赤峰，发现了20多处新石器时代遗址；1930年，梁启超的儿子梁思永在赤峰收集到一批新石器时期的石器和陶片。古史学家李济在其著作中也提醒大家：两千年来中国的史学家，上了秦始皇的一个大当，以为中国的民族及文化都是长城以南的事情……我们应当用我们的眼睛，用我们的腿，到长城以北去找中国古代史的资料，那里有我们更老的老家。

辽西朝阳与内蒙古赤峰山水相连，鸡犬相闻，文化上本没有藩篱，郭大顺年复一年，耐心地寻找着红山文化的蛛丝马迹。从魏营子遗址，到喀左东山嘴，到凌源和建平交界的牛河梁，终于在大凌河畔摸到了中华文明的又一个源头。

1979年5月，辽宁省文物普查开始，郭大顺被任命为喀左队队长。此时，他正在西安参加中国考古学会成立大会，会后，他家都没回，直奔县里。他坐了一天一夜火车，赶到平房子公社，与17名来自全省各地的学员一起，把全县21个公社跑个遍。普查过程中，郭大顺反复强调，红山文化是重点中的重点。他举着刚采集到的彩陶片向大家介绍：朝阳是红山文化分布区，但红山文化出土还凤毛麟角，只有40年代日本

● 考古专家郭大顺、孙守道、柯俊在牛河梁遗址考察

人调查的零星记录。正是由于他的鼓励，队员们在普查时格外仔细，共发现各类遗址609处，其中有1982年在喀左的东山嘴挖掘出的中国古代第一个祭祀遗址，还有两尊"妇女小雕像"。

仅此发现，便轰动了中国考古界。1983年7月，19位北京专家在苏秉琦先生率领下来到辽西。俞伟超专家语出惊人。他说：妇女小雕像是全国考古界等了三十多年的发现。苏秉琦先生则将这一发现与中国文明起源相联系。

谁曾料到，更大的铺排还在后面。就在苏秉琦先生走后不久，在他称为"金三角"的喀左、建平、凌源三县交界，一个方圆50平方公里的远古文化遗迹辉煌地展现在世人面前：东山嘴出土了远古祭坛，牛河梁上庙、坛、冢星罗棋布；东山嘴祭坛只有一圈，直径2米，牛河梁祭坛从里到外共分三层，最外圈直径22米；东山嘴"妇女小雕像"高

● 东山嘴出土的人体残件

7.9厘米，牛河梁女神庙里的女神残块组合后，分别相当于真人的一倍、两倍和三倍。

专家们兴奋地看到，牛河梁坛、庙、冢的配套非常近似于北京明清时期的天坛、太庙与明十三陵，也严格遵守着中国传统建筑沿中轴线布局、天圆地方、东西对称的理念。这足以证明中华文明跨越千年，源远流长，一脉相承。

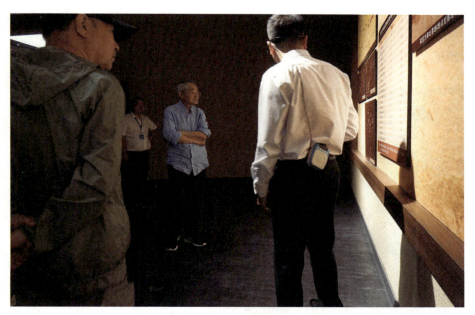

● 郭大顺先生在出席西辽河文明研讨会期间参观

牛河梁第二地点大型祭坛与北京天坛的圜丘除了大小和简易程度有别，在圆形起三层台的基本结构上几无二致。但是，与牛河梁祭坛相比，蜗居于闹市的明清天坛简直就是一个拘谨的孩子。虽然也有君临天下之风，但远没有牛河梁祭坛"任尔八面来风"的气势和"一览众山小"的恢宏。

"不过，牛河梁坛、庙、冢组合中的主角是女神庙。"郭大顺说，

"早在东山嘴发现后，我们就曾幻想，如果能有一处完整的祭祀遗址就好了。但牛河梁的发现仍然出人意料，因为它的内容实在是太丰富了。虽然它的规模仅有75平方米，相当于史前时期的一座大房子，但唯其如此才显示出原始宗庙的封闭性和神秘性，这恰是一人独尊和神权垄断的象征。"

　　"红山文化的考古新发现，哪一项都是极为重要的，但是，如果问我哪一项发现更为难忘，我会毫不犹豫地说，是女神头像的发现。这么多年过去了，我还清楚地记得当时的情景。"说这话时，郭大顺的眼睛闪闪发光，炯炯有神。

● 贴塑于拱形墙壁的女神头像，额头高起、紧收下颏，是对大型神像采用了为仰视效果调整实际比例的技法

　　那是1984年10月31日上午，初冬的辽西山区格外宁静。工地上只听到小铲碰动泥土的沙沙声音。这几天，人像残件接二连三地发现，让大家充满了期待。人们屏住呼吸，不约而同地看着考古队员剥离一件特殊的塑件。额头、眼睛、耳朵、嘴……一尊几乎完美的女神头像凌空出世，仰面朝天，微笑欲语。摄影师及时按下快门，记录下了女神与子孙们跨越千年的相视一笑。

追寻五帝

　　"发现了不等于认识了，认识的反复过程可能更为艰巨甚至是一个痛苦的过程。"手抚着红山女神散落一地的肢体残件，想象着自己的指纹和古人的指纹叠加在一起，郭大顺的心绪久久地沉浸在历史的深处，苦苦地探索着红山女神神秘微笑背后的玄机。

　　在中国人传统观念中，中华文明从黄河的摇篮里孕育出来，然后，再传播到华夏各地，红山文化的重大考古发现，为中华文明的多元起源奠定了基础。苏秉琦说："以发展顺序看，中原并不都是最早，不都是从中原向四周辐射。从旧石器中晚期到新石器初期，很可能辽河流域比海河水系早，海河水系又比黄河中游早。"

● 牛河梁遗址挖掘现场

一向被视为古文明边缘的长城以外，燕山以北，为何会有如此璀璨的古代文明？"文化交汇是红山文化率先跨入古国阶段的一个主要原动力。"郭大顺说，源于华山脚下的仰韶文化的优生支系，即以成熟形玫瑰花图案彩陶为主要特征的庙底沟类型，沿太行山麓北上；源于辽西遍及燕山以北西辽河和大凌河流域的红山文化的一个支系，即以龙鳞纹图案彩陶为主要特征的红山文化类型，由大凌河源南下。这两个出自母体文化而比其他支系更有生命力的优生支系，一南一北各自向外延伸到更广、更远的扩散面。他们终于在河北省西北部相遇，龙鳞纹图案彩陶和玫瑰花图案彩陶在这里共存是为证据。红山文化庙、坛、冢就是他们相遇后迸发出的文明火花，龙与花的结合更让人自然而然联想到今天的"龙的传人"和"华夏民族"。

一个谜团解开了，另一个谜团又接踵而至。灿烂的历史星河中，最古老的四大文明都渐渐地沉寂了，红山文化的休止更像是闪电，刹那的绚烂之后，便消失得无影无踪。她们从哪里来，最后又去了哪里？在苦苦的追问中，考古学家们找到了一个失踪了的时代。

郭大顺说，司马迁撰《史记》，以《五帝本纪》开篇，于是中华五千年文明就有了从五帝说起的通例。但是，史学界却把五帝时代作为传说来对待，原因是没有实物证据。这样，中华文明史只能从四千年的夏代算起，这比与中国并列为世界四大文明古国的两河流域、埃及晚了近1500年，比印度也晚了近千年。从考古学上追寻五帝踪迹于是成了牵动海内外华夏儿女心弦的大事。

红山文化的考古新发现往静静的池水里投下一颗石子，掀起了巨大的波澜。一股考证五帝热，再次在学术界兴起。特别是中国考古学"中原地区以外的边远地区也都具有发达的文化，并有从四周向中原汇聚趋势"的共识，使寻找五帝踪迹的视野大为开阔。

　　郭大顺向笔者介绍说，五帝时代是一个古国林立的时代，黄帝时"监万国"，尧时"和谐万邦"，到禹时，仍是"夏有万国"之势。五帝不过是其中的主要代表。于是，在史前诸多考古文化类型中，一些最具代表性的考古文化，如仰韶文化、红山文化、良渚文化、大汶口文化和陶寺文化，就成了与五帝诸代表人物相结合的焦点。如多以为仰韶文化为神农氏文化，陶寺文化为尧的文化，大汶口文化即舜的文化，而良渚文化与先夏文化有关。对红山文化与五帝的关系则众说纷纭，有以女神塑像与女娲的黄土抟人相联系，有人认为发达的宗教遗迹与颛顼帝的"绝地天通"有关，有以玉龙的钩形体态与蚩尤的字形相比附，也有重提商文化起源东北说而以为红山文化即"商先文化"。倘若真是那样，不食周粟的伯夷、叔齐，或许真的喝过大凌河的水。更有学者郑重地提出，红山文化的时空框架，只有黄帝时代与之相合。

　　为此，郭大顺搜集到许多蛛丝马迹：黄帝族"迁徙往来无常处"，这是北方游牧民族的特点；黄帝战蚩尤于涿鹿之野，地在今河北张家口的桑干河流域；周武王封黄帝之后裔于蓟，地也在今燕山南麓长城脚下；《禹贡》记冀州"厥土曰白壤"，指的就是燕山南北地区的白沙质土，而不是黄土地带土质较紧密的黄土；红山文化以熊作为动物神的主神，也许正是黄帝号"有熊"的真实写照。所以，提出以黄帝为首的五帝前期诸代表人物和部族的活动重心在北方的燕山南北长城地带，从文献记载的分析到考古发现的研究，都正在得到越来越多的证据。

　　历史是一本千疮百孔的书，捡拾起了无数人类一步步走向文明的碎片，也遗漏了许多精彩纷呈的故事。红山文化为我们提供了一个索引，郭大顺说："在大多数情况下，我们只要能做到'接近古人'，与古人的想法缩短距离，就是很有成就的了。"

龙出辽河源

穿龙袍，舞龙灯，赛龙舟，几千年来，中华民族一直被称为"龙的传人"，但对龙起源的时间、地点等悬疑却莫衷一是。

站在牛河梁上，郭大顺非常明确地告诉笔者："虽然在中原和南方等地区也有早期龙形象出土发现，对龙起源的时间、地点、过程也观点不一，但辽河流域发现的史前时期的龙时间最早，类型最多，序列完整。所以，我们的观点是——龙出辽河源。"

学者自有学者的严谨，抛出论点后，郭大顺马上给笔者道出了论据。早在距今七八千年前的先红山文化——辽宁阜新的查海遗址，就已有"类龙"形象出现，那是在遗址的中心部位用石块摆塑的长达19米的龙形堆石，和筒形陶罐上浮雕的盘龙和行龙纹。到距今6000年前与红山文化早期同时存在的赵宝沟文化中，在陶尊上刻画的"四灵"纹有猪头龙、鹿头龙和鹰首龙的组合，造型神化逼真，线条流畅，布局有透视画的效果，各方面都已达到相当高超的水平。所以到了红山文化时期，龙已定型并以精美绝伦的玉器形式出现是顺理成章的事。

"红山文化玉器早有发现，从20世纪初起，就在海内外一些收藏家和博物馆中有所收藏，不过都将其年代定得过晚。"郭大顺分析，"长期以来，人们对史前社会和文化的发展水平估计严重不足，认为他们就是住在阴暗潮湿的半地穴式房子里，使用石器砍树刨土，制作粗糙简陋的艺术品，根本无法与这些美轮美奂的玉器联想到一起。"

20世纪70年代初，在辽河支流西拉木伦河上游，内蒙古自治区赤峰市翁牛特旗三星他拉村，一场大雨过后，从山坡上冲出来一个高达26厘米的，长吻前伸，身蜷如弓，棱目上挑，长鬣飘举的大玉龙，被当地农民送到文化馆。1975年7月3日，郭大顺和同事孙守道看到这件大玉龙时，不由得为之一震。从头部刻画简洁看，时代不会太晚；但考虑到三星他拉村地处黄沙大漠，还是无法将玉龙和当地文化往一起联想。到了1979年，在喀左东山嘴挖掘出一件绿松石鸟和一件龙首玉璜的同时，在凌源三官甸子一座墓中也出土了9件玉器，才有同事试探性地提出："这座墓是不是红山文化的？"

一个龙的起源，一个文明起源，这是两个关系中国史前考古和上古史的大课题，在当时，学术界对此十分敏感，很少有人敢去闯这个禁区。所以，1981年他和孙守道在中国考古学会杭州年会上提交的论文《辽河流域的原始文明与龙的起源》，并没有被论文集收入。直到1984年8月4日对牛河梁第二地点1号冢4号墓的挖掘，考证多年的红山文化玉器终于一锤定音。

● 考古专家郭大顺和刘国祥在探讨红山玉器

郭大顺说，这个墓里虽然随葬玉器不多，只有3件，但均为红山玉器中最具代表性的品种：斜口筒型玉器和玉雕龙。此墓完整无缺，无任何扰动，玉器出土位置和状态明确无疑。尤其是两件玉雕龙的出现，更令在场的每一个人兴奋不已。它们挂在死者胸前，一左一右，背靠着背，相依相对，晶莹亮泽，十分可爱。斜口筒型玉器更意外地枕在墓主人头下。有了这些确凿的证据，考古学家才敢理直气壮地说，这些玉器是红山文化的代表作。如今，出土于三星他拉村的大玉龙已经成为华夏银行的标志。

玉龙、玉凤、玉人、玉龟、玉蚕……五花八门"比德事神"的玉器与牛河梁上规模宏伟的庙、坛、冢一起，成为红山先民昂首步入文明社会的有力证据。

● 20世纪70年代，张凤祥就是在这片林地里，挖出了举世闻名的大玉龙，送到了文化馆

梦绕牛河梁

初春的牛河梁，和风习习，满眼皆绿。在一个向阳的山坡上，翠绿的油松和落叶松掩映着一个占地2公顷，典型辽西风格的院落式砖瓦房。这就是被考古学家们誉为"躺在女神怀抱中"的牛河梁工作站。

郭大顺来到辽宁也已经40多年。尽管其间他也曾经换过好几个单位，当过省文化厅副厅长，但他更多的时候是在这个山里度过的。白天漫山遍野，寻找红山人的行踪；晚上遥望星空，任思绪驰骋。《文明曙光期祭祀遗珍/辽宁红山文化坛庙冢》《考古文物之美.1》《牛河梁红山文化遗址与玉器精粹》《大南沟——后红山文化墓地发掘报

● 牛河梁第二地点一号冢第21号大型墓，是迄今所知随葬玉器数量最多的一座石棺墓

告》《东北亚考古学研究——中日合作研究报告书》《追寻五帝》等系列著述大都在这里孕育、出生。

牛河梁是中华民族在长城以北的更老的老家,同时,也是郭大顺的精神家园。为了守住这方净土,他和同事们想了许多办法。1983年的东山嘴遗址现场会,决定了露天保护的原则,并决定将遗址所在的耕地征过来,在遗址周围栽植侧柏树。为了保证树木成活,工作队员3年多时间拉水上山。现在东山嘴遗址已被黑油油的一片林带围了起来,当地百姓无不称赞考古队为当地办了一件好事,同时也调动了当地群众保护遗址和环境的积极性。

牛河梁遗址不是一个点,也不是几个点,而是分布于50平方公里范围内的规模宏大的遗址群。按通常做法,把已明确的女神庙及周围第二、三、四、五号积石冢作为重点保护对象,先行保护下来,其余划作建筑控制地带就可以了。问题的关键是,牛河梁如此重要,遗址之间又互有联系,一旦规划不慎,就会把遗址群割裂开来,甚至造成破坏。为此,郭大顺请教了苏秉琦先生后,提出了庙、坛、冢连同其间"白地"一起保护的原则。1986年6月30日,辽宁省人民政府省长办公会顺利通过了将牛河梁50平方公里的范围作为一个整体,全部确定为保护范围的决议。恰恰是这样一个全新的保护概念,才使得如今的牛河梁仍然如世外桃源,宁静幽深,一尘不染。外来参观的考古专家称:牛河梁遗址的环境是"干干净净"的。

"探索古辽西,是艰苦的,也是诱人的。"直到如今,郭大顺仍然奔波在5000年前先民高举火把、载歌载舞的大山上。

辽宁省委、省政府已经明确,把牛河梁遗址作为全省文化建设重大项目,申报国家大遗址,目标是三五年内达到"申遗"水准,尽快把

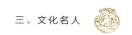

牛河梁遗址打造成为世界文化遗产。为此，郭大顺必须在国家文物局要求时限内，完成牛河梁遗址考古发掘报告的编写、出版工作。

古稀老人，为事业迸发着青年人的活力。

李默然在中国话剧百年华诞之际，被评为"国家有突出贡献话剧艺术家"。六十年戏剧生涯，八十载赤诚人生。从一个小学未毕业的苦孩子，到饮誉国际剧坛的艺术家，他怀着质朴的感恩之心勤学苦练、持之以恒，终以独特的光芒闪耀在话剧舞台上，也闪耀在电影银幕上。"中国的活李尔"、永生的"邓大人"，他正气凛然、声遏行云的形象深入人心。不论在舞台上，还是在生活中，人们看到的，总是那个光彩照人、壮伟刚健的他，那个有强烈社会责任感的人民艺术家。

李默然：一出演不完的剧

李默然在中国话剧百年华诞之际，被评为"国家有突出贡献话剧艺术家"。六十年戏剧生涯，八十载赤诚人生，从一个小学未毕业的苦孩子，到饮誉国际剧坛的艺术家，他怀着质朴的感恩之心勤学苦练、持之以恒，终以独特的光芒闪耀在话剧舞台上，也闪耀在电影银幕上。"中国的活李尔"、永生的"邓大人"，他正气凛然、声遏行云的形象深入人心。不论在舞台上，还是生活中，人们看到的，总是那个光彩照人、壮伟刚健的他，那个有强烈社会责任感的人民艺术家。

● 李默然生活照

2007年，中国话剧已走过百年历程。100年来，诸多艺术家如耀眼的群星，闪烁在中国话剧的星空，李默然便是其中璀璨的一颗。他被授予"国家有突出贡献话剧艺术家"荣誉称号。

2007年，李默然80诞辰。半个多世纪的艺术生涯，46台话剧，7部电影和5部电视剧，长长的剧目单昭示着这位人民艺术家的辉煌业绩；"北派艺术的杰出代表"、全国政协委员、中国文联副主席、中国戏剧家协会名誉主席、辽宁人民艺术剧院名誉院长，诸多荣誉无言地述说着他的崇高地位。

曹禺对李默然的评价极高："很少有人能像李默然那样保持这样永远的艺术青春。50多年来，他从未停止过艺术创作活动。从24岁时的库烈聘，到33岁时的邓世昌，从52岁时的李健，到59岁时的李尔，直到66岁时的贾泽，他走过了一条不间断的持续探索的艺术道路，为人民群众留下了一连串闪耀着生命灵光的人物形象。"

他的艺术人生，就是一出演不完的剧。

他按导演的要求试演了几个动作，导演大惊："你简直是个天才！"

1985年5月，国际戏剧大会在西班牙巴塞罗那举行，来自世界50多个国家的700余名代表齐集一堂。李默然作为中国代表，不仅在大会上发言，而且被选为大会执行主席之一。他心潮起伏，感慨万千。从一个文化底子很浅的苦孩子，成为饮誉国际剧坛的艺术家，李默然把自己的成就归功于党的培养。在1996年辽宁省政府举办的纪念李默然从艺50周年大会上，他热泪盈眶地说："没有共产党就没有我李默然！"

李默然原名李绍诚，1927年12月30日出生在黑龙江省尚志县（今尚志市）一个回族贫民大家族中，兄弟姐妹8人，他最小。7岁那年，当地白喉流行，他家族中38人被夺去生命，李默然也染上了白喉，在死亡线上苦苦挣扎了半年后才侥幸活下来。

李默然10岁方入小学读书。他好学上进，成绩优异，14岁那年，在铁路工作的哥哥被日本人开除，家庭经济的支柱坍塌了，李默然不得不辍学去谋生。从此，他做过小贩，当过杂役，做过邮差，小小年纪就挑起了生活的重担。

李默然做小贩的新安市场是牡丹江最热闹的地方，每天都有京剧、西河大鼓、京韵大鼓、奉调大鼓、河南坠子等演出。李默然每天卖完香烟就溜去看演出，新安市场成了他免费的戏曲学校。

兴趣是最好的老师，听多了看多了，他便开始模仿，居然惟妙惟肖。京剧《武家坡》《二进宫》《辕门斩子》，许多剧目的台词他都能背下来，生旦净末丑，唱念做打，他全会，14岁时，他为大姐一家演出《武家坡》全剧，既演薛平贵，又演王宝钏。

此后，他又迷上了电影和话剧。什么时候自己能上台演戏？他常扪心自问。

机会来了。1945年，他进入邮政局。邮局有个业余剧团每天都在排戏，他便每天趴在墙头偷看。

一天，导演发现了他："喜欢演戏？想不想试试？"他点头。刚好该剧缺一个仆人的角色，导演就让他按剧本要求试演了几个动作：扫地、抹桌，主人上场，他压低声音，做沙哑苍老状："老爷，您回来啦！"

导演大惊："你简直是个天才！""天才"终于登台演出了。

不久，剧团又排了《风雪之夜》，"天才"主演一个大资本家，演出很成功，李默然渐渐有了些名气。

业余演出的成功更激发了李默然当演员的期望。1947年，由刚从延安回来的舒群、罗烽、白朗等人主持的东北文艺家协会文工团招收团员，李默然毫不迟疑地投身到这一革命文艺团体之中。从此，他的舞台生涯正式开始了。

"60年来，我每天都要坚持二三小时的学习，即使是 '文革' 期间也未中断"

李老只读过3年半小学，何以能被戏剧界尊为大师？何以能写出《李默然论表演艺术》《戏剧人生》这样的专著？

"勤奋学习，持之以恒！"他淡淡地笑着回答，"60年来，从我认识到学习的重要性起，我每天都要坚持二三小时的学习，即使是 '文革' 期间也未中断。"

使他认识到学习重要性的，有两件事——

在东北文协文工团时，一次，轮到他负责每天上班后的读报，读着读着，大家突然哄堂大笑——他把"效率"读成了"效帅"。

1951年，东北人民艺术剧院成立，排练的第一台剧目是《曙光照耀莫斯科》，李默然饰演党委书记库烈聘。由此，他遇到了著名导演严正。严正，延安鲁艺出身，时任东北人艺副院长，《曙光照耀莫斯科》便由他执导。一次排练时，他当众批评李默然："李默然，别拿腔拿调，你这是腔调式的形式主义！"

李默然震惊了。此前他听到的全是赞美声，可恰恰是对他自认最擅长的语言，导演却给予严厉的批评。

念白字遭同事耻笑，念台词受导演批评，李默然开始意识到自己的缺陷：文化水平太低，读书太少。而没有文化是无法成为好演员的。

必须自学,用知识来武装自己!此后数年,图书馆成了他去得最多的地方,他几乎把所有业余时间都花在了图书馆里。

同时,他还苦练朗诵。"千斤百口四两唱",朗诵是话剧演员的基本功。李默然每天坚持把一只手臂伸直,手心对准口腔,用鼻子吸一口气到腹部,然后舌尖舔到上腭,慢慢将吸进的气吹到手心上。日后他的朗诵声遏行云,成为中国话剧界的经典,就源于他坚持不懈的练习。

在严正的主持下,东北人艺的演员开始为期半年的系统学习,这是李默然从艺后最系统最正规的训练,他第一次知道了斯坦尼斯拉夫斯基体系。

《曙光照耀莫斯科》一剧排练了半年,李默然体重下降了6斤。沉重的代价换来巨大的成功,演出引起轰动,并且演进了北京城,还获得文化部优秀演出奖。

20世纪50年代是李默然舞台生涯的第一个黄金时期,他主演过《尤里乌斯·伏契克》中的伏契克,《第一次打击》中的季米特洛夫,《胆剑篇》中的吴王夫差,《日出》中的李石清等角色,都取得了巨大成功。在北京演出时,他还多次受到周恩来、朱德、李先念、邓颖超等老一辈中央领导人的接见。周总理看过他主演的《日出》后大为赞赏,惊异于他这么年轻,竟能把握旧时代的人物特征,把角色演得如此深刻。

让一个从没演过电影的话剧演员出演如此重要的角色,能胜任吗

在话剧舞台上站稳脚跟后,一个机会使他跃上电影这个更大的

舞台，从此成为"两栖"演员。

1960年早春，李默然北上长春。这是一次没有任何先兆的成功之旅。

时年33岁的李默然任辽宁人艺副院长，他赴长春是参加一部电影的拍摄，但对去拍什么电影，担任什么角色一概不知。

火车到站，长影厂的副导演刘文华来接他。当他俩走进长影厂时，刚好与导演林农和摄影王启民不期而遇。王启民见到他时忍不住脱口对林农说："还找什么主角，就是他了！"

原来李默然即将参加拍摄的电影就是日后轰动全国的《甲午风云》。此时，该片已被列入重点影片，配备了最强的主创人员，林农担任导演。而主角邓世昌原定由著名演员金山出演，可电影开拍在即，金山却因故不能出演，林农急得团团转。

按原计划，李默然饰演李鸿章。王启民一句话改变了他的命运，林农决定由他主演邓世昌。

由李默然出演邓世昌的消息传出，长影厂一片哗然。人们担心，让一个从没演过电影的话剧演员出演如此重要的角色，能胜任吗？

议论中，李默然开始试拍"闯宴"一场，并很快进入角色：面对日本特务罗皮尔，他两眼喷出愤怒的火焰，给予痛斥。

样片出来，叫好声一片。人们这才发现，这个外表粗犷却英华内敛的演员把民族英雄邓世昌演绎得淋漓尽致，栩栩如生。特别是他在"撞舰"一场的出色表演，给人们留下了深刻印象：致远舰舵手牺牲后，邓世昌怒火中烧，把辫子猛地一甩，缠在脖子上，手握舵把，驾驶着致远号向敌指挥舰撞去。

《甲午风云》于1963年上映，引起轰动。人们赞誉李默然扮演的邓世昌堪与赵丹扮演的林则徐相媲美。

● 《甲午风云》
剧照

初涉电影，一炮打响，李默然一举成名，观众的信件雪片似的飞来，他无论走到哪里都会被认出。一次他在大连渔场参观，渔工们一下子认出他来，竟不约而同地向"邓大人"拱手问安。

1964年，李默然再度与林农合作，拍摄了他的第二部电影《兵临城下》，成功地塑造了姜部长这一形象。此后他又主演过《熊迹》《走在战争前面》《检察官》等影片，成为受到亿万观众欢迎的名演员。

就在事业一片辉煌时，"文革"开始了，他成了"走资派""修正主义分子"。批斗，关牛棚，下放农村，史无前例的闹剧无情地剥夺了一个艺术家最宝贵的10年时光，直至1975年邓小平复出，他才回到辽艺。

"你是中国的活李尔"

粉碎"四人帮"后，中国话剧迎来了黄金时代，李默然也进入艺术的喷发期。这一时期，他的代表作是话剧《报春花》。

李默然在《报春花》中出演党委书记李健一角。他把自己压抑了10年的艺术热情都倾注在这个角色身上。领导干部形象是话剧公认的难点，舞台上，许多领导干部形象是神而非人，形象干瘪，苍白无力。而李默然却成功扮演了众多领导干部形象，李健则是其中最完美的一个。

《报春花》的演出引起轰动。该剧还应邀进入中南海，这是粉碎"四人帮"后中国话剧第一次进中南海演出。评论界对《报春花》好评如潮，认为剧中的女主人翁白洁是作家写出来的，而李健是李默然演出来的，剧本中不很出色的这个人物通过李默然的二度创作变得生动丰满，光彩照人。

著名戏剧艺术家黄宗江看完演出后说，中国话剧有北派艺术，李默然就是北派艺术的杰出代表！

我国话剧有三大演剧流派：以北京人艺和中国青艺为代表的京派话剧，以上海人艺为代表的南派话剧，以辽宁人艺为代表的关东话剧。而李默然对北派演剧艺术的概括是："大江东去与潺潺流水并用，异峰突起与曲径通幽并用，浓墨泼洒与白描工笔并用，大开大阖与精雕细刻并用。"

辽艺院长宋国锋说，李老对话剧艺术最杰出的贡献，在于他创造了长枪大戟、壮伟刚健的李派表演艺术。

李默然的朗诵，其声穿云裂石，雄浑刚健，令人闻声不忘，他能把社论念得声情并茂，甚至"能把一份菜单朗诵得使人潸然泪下"；他的表演，"爆发时，如惊涛拍岸；控制时，如渊停岳峙；紧张时，如暴风急雨之骤至；舒缓时，如浮云冷月之悠然；粗砺时，有斗酒彘肩，风雨过江之豪放；细腻时，有小桥流水，碧草黄花之缠绵"。

充分体现北派艺术最高峰的是李默然主演的《李尔王》。

● 《李尔王》剧照

演莎士比亚名剧是国际话剧界共同翘盼的制高点，为了登上这个制高点，李默然整整期待了30多年。

早在20世纪50年代，辽艺就曾成立剧组，准备排演《李尔王》，由李默然出演李尔，但因故未能如愿。

1986年，中国首届莎士比亚戏剧节将在上海举行。此时，李默然已经59岁了，如果再不演，他将永远失去演出莎翁名剧的机会。时任辽艺院长的他决定排演《李尔王》，并亲自出演李尔王一角。

国际话剧界将莎士比亚四大悲剧的演出视为畏途，而《李尔王》则是公认最难演的剧目。该剧剧情大起大落，情感跌宕，由东方人来演西方剧作更难，许多艺术家望而却步。

李默然一向用心演戏。而此时他已患高血压、心脏病，激情是高血压和心脏病的天敌，演这台戏不但情绪上剧烈波动，而且需要很好的体力，年近花甲的李默然吃得消吗？

这是个难以逾越的高度。李默然却义无反顾地向这个高度冲击！

1986年4月18日晚，辽宁人艺在上海戏剧学院实验剧院首演《李尔王》。李默然把莎翁笔下这个专横暴虐、自私昏聩的独裁者的狂、愚、哀、癫演绎得淋漓尽致。他表演的李尔最大的特点在于，他在形体、动作、台词、情感的设计上化用了中国戏曲的大量表现技巧，如他用四跪将人物的情感历程充分展现：一跪大女儿是愤怒，二跪二女儿是怨恨，三跪人民是觉醒，四跪小女儿是认罪，这四跪便是受了中国戏曲的启发，由此形成了李尔独特的个性。评论家对李默然的评论是"回肠荡气"，他做到了"西方朗诵与中国戏曲念白的完美结合"，他的演出达到了"壮美"的境界。

最后一场戏下来，李默然的脉搏达每分钟130次，他用生命的代价，把李尔形象雕琢得光芒四射。

演出结束，国际莎士比亚学会主席菲利浦·布罗克班克冲上舞台与他拥抱，激动地说："你是演出《李尔王》的5国演员中最出色的一个！你是中国的活李尔！"

"奶奶造就了一个伟大的艺术家"

李老有一个美满的家庭，妻子龙潮是作曲兼指挥，3个儿女也都学有所成。

有人说，龙潮和李默然的结合，是"五线谱"换来的爱情。他们是在李默然考入东北文协文工团后相识的。当时，文工团提倡"多面手"，演剧、唱歌、演奏乐器，什么都要会。可是李默然连谱都不识。在排演大型歌舞剧《纪念碑》时，李默然被难住了。他饰演的角色是剧中主要人物之一，有多段独唱，而这部歌舞剧的总指挥就是龙潮。

龙潮毕业于长春师范大学钢琴专业，1947年加入东北文协文工团，比李默然早几个月。龙潮不仅风姿绰约、美丽大方，而且有着极高的音乐素养。李默然是龙潮的爱慕者之一，当他终于鼓足勇气向龙潮表白时，龙潮微微一笑说："等你唱歌不跑调了再说吧。"

有希望！李默然大喜，他开始在音乐上下苦功了。《纪念碑》演出成功了。李默然演的"唐文"不仅形象逼真,唱腔也字正腔圆。果真,他唱歌不跑调之日,便是爱情果实成熟之时。1950年,李默然和龙潮举行了简朴的婚礼。后来,他们的孙女说:"奶奶造就了一个伟大的艺术家!"

在影片《甲午风云》中扮演李鸿章的王秋颖也是辽艺最有名的演员之一,和李默然是老搭档,连两人的家都是门对门,经常是一方手拿茶杯,穿着背心趿着拖鞋就敲开了对方的门,为了一句台词、一个动作可以争得脸红脖子粗,争完后又一起喝酒吃饭,不留任何芥蒂。

1984年1月22日,中国医科大学附属第一医院病房,身患癌症的王秋颖躺在病床上,已进入弥留之际。

突然,门外履声,这分明是老友李默然的脚步声!王秋颖一阵激动。

老友刚刚为他去除了一块心病。

尽管两人演技相当、艺龄相当,但当时李默然是艺术6级,王秋颖却只是艺术7级。

对此,王秋颖忧心忡忡。

1984年1月中旬,王秋颖肝癌晚期,病危之时,这块心病还在折磨着他。

夫人深知他的心病。她把它透露给了李默然。

李默然正在筹备演出,闻言马上放下手头工作,直奔省文化厅。他对厅领导说,他从未为自己的事求过组织,今天为了老友向组织求情来了。他希望组织上不要让一位老艺术家带着遗憾离开世界。

省文化厅闻风而动,特事特办。3天后,王秋颖的级别问题得以解决。消息传至病榻,王秋颖欣喜莫名。当他得知此乃老友所为,不禁感动得泪洒枕巾。他深知自己的人生已近谢幕,他渴望见老友最后一面。

而此时李默然却正在北京紧张演出。夫人犹豫再三，还是给李默然发了电报。

接到电报，李默然火速飞回沈阳，一下飞机就直奔医院。他的脚步声一下子勾起了王秋颖对二十多年前《甲午风云》中"闯宴"那一幕的回忆——李鸿章与洋人谈判，洋人出言不逊，激怒了在二堂等候的邓世昌，他将茶盅重重一磕，说道："一派胡言！"惊动了里面的洋人和李鸿章，李鸿章喝道："谁在二堂喧哗！"想及此，躺在病榻上的王秋颖突然脱口而出："谁在二堂喧哗！"刚到门口的李默然闻言急步趋前，单腿跪地："回大人，标下邓世昌拜见中堂大人！"刹那，4只大手紧握在一起，两行浊泪从王秋颖的眼中滚落。

"这是你艺术的第二个春天，怎么能封台呢"

1993年，67岁的李默然退出第一线，他也该歇歇了。

但就在这一年，中国话剧研究会搞小剧场会演，李默然突然看到《夕照》的剧本，心潮荡漾，激情难抑。长期以来，他一直渴望演一个他从来没有演过的人物，看到《夕照》中这个行为怪诞、个性独特的老艺术家，他怦然心动，决定将此剧作为自己的封台演出。

1993年初冬，北京，青艺小剧场。《夕照》登台演出。

没有海报，没有宣传，《夕照》的演出却牵动了许多人的心。

这是人民艺术家李默然的最后一次演出！只演3场！我们再也见不到"邓大人"了！这些信息随着初冬的朔风灌满了话剧爱好者的心，牵挂伴随着淡淡的哀伤弥漫在他们心头。

首场演出主要是给中央戏剧学院师生观摩的。举办者忽视了观

● 《夕照》剧照

众对李默然的喜爱程度, 忽视了"封台演出"带给观众的惋惜、牵挂、震动和痛苦。

青艺小剧场前聚满了人, 人们挤进剧场, 剧场爆满, 连过道上都挤满了人, 剧场大门紧闭, 但还有许多观众坚持要进去……几个女学生竟从男厕所的窗户跳了进去……

"哗!"剧场的门被挤破, 玻璃碎落一地……

大批保安来了, 警察来了, 剧场前一片森严。此事惊动了中央领导。时任中宣部部长的丁关根给文化部副部长高占祥打电话: 李默然不能封台! 高占祥找到李默然:"这应该是你艺术的第二个春天, 怎么能封台呢!"

默然难默然, 于是不得不加演。

那3天, 能容纳400人的青艺小剧场每天都挤进600多人。

加演还不够, 于是又在蓝岛大厦的伊甸园剧场连演数场, 场场爆满。

"封台演出"的最后结果是,《夕照》剧组不得不巡演全国,直演到1998年,竟演了100多场!

"如果文艺只剩下'娱乐',这就令人忧虑了"

1998年12月,中国戏剧家协会第五次全国代表大会在北京举行,选举新一届剧协主席是大会的主要议程之一。中国戏剧家协会前四届主席分别由田汉和曹禺担任,到第五届,曹禺先生已逝世,由谁来承担这一重任?当时的中宣部领导向大会推荐李默然——"李默然是一个有社会责任感的艺术家!"

而李默然却推荐别人。

2006年11月,中国文联第八次全国代表大会在北京举行,李默然做客人民网,就艺术与人生等话题和网友在线交流。

一位网友问李默然:"您现在快80了,还关心文艺界的事吗?"李

● 作者叶辉、毕玉才采访李默然老师,苗家生拍摄

默然回答:"我很关心当前社会发生的事情,尤其是文艺界的事情,比如泛娱乐化的问题。文艺有社会功能,有人文功能,也有娱乐功能,但如果文艺只剩下'娱乐',这就令人忧虑了。"

这些年来,尽管年事已高,李老仍以旺盛的精力为繁荣我国戏剧事业呕心沥血。在采访中,他多次谈到艺术家要有强烈的社会责任感:一个有理想有抱负的文艺工作者,要做到"三个必须"——必须关心国家的命运,必须追求真善美,必须摆正普通人的位置。他自己就是"三个必须"的典范。李老演的《走在战争前面》一剧中有一句台词:"撼山容易撼解放军难!"黄宗江看后非常感动,说:"太感人了,这么一个口号到李默然嘴里怎么变成这么感人的东西!"李默然说,这个口号可不简单,没有深刻的爱国主义情怀是体会不到的。

参加中国文联第八次代表大会回来,李老向辽艺的晚辈谈起他的体会时告诫他们:"文艺工作者与时代的关系,文艺工作者与人民群众的关系,文艺工作者如何对待继承与创新的关系,文艺工作者如何在党的领导下自修成为一个德艺双馨的人才,成为真正的灵魂工程师,这些确确实实是我们今天面临的重大和迫切的问题。只有把这些问题解决好,我们才能踏准时代的鼓点,使我们的文艺为构建和谐文化发挥更大的作用。"

(本文由叶辉、苗家生、毕玉才共同采写,叶辉执笔)

没有一个银幕形象会在观众脑海中留下如此长远的记忆，除了李默然。当年，他把辫子猛地一甩，紧紧缠在脖子上，手握舵把，二目喷火，驾驶着致远号向敌舰撞去的画面，至今仍让人热血沸腾、荡气回肠。如今，他虽然已经去世了，但他塑造的邓大人形象，却长久留在人们心中，永不消逝。

默然老师，我坐哪一班地铁才能再见到您

为了迎接党的十八大，报社开辟了"名家视点"专栏。我第一时间拨通了默然老师的手机，表明了自己的想法：一是我到北京去采访，二是老人先写个纲，我到北京后面谈。默然老师爽快地答应了第二种方式。

2017年3月6日下午3时50分，我正在北京准备党的十八大报道，突然接到老人电话，稿子写完了。"李老师，我已经到北京了，马上就能到您家。"我说。老人一遍又一遍地告诉我地址，生怕我走错了。

放下电话，我直奔报社地下车库，马师傅二话没说，拉着我直奔太阳宫。

默然老师曾在沈阳举办了一个中国戏剧（戏曲）导·表演艺术体系论坛，我到会议现场看望了他，并认真地听了他慷慨激昂的发言。由于当天还有其他采访任务，他讲话完毕我就离席了。晚上，听召集会议的刘华蓉同志讲，默然老师几次问起她："为什么不把玉才留下来吃饭。"

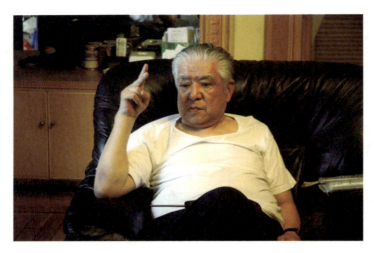

● 李默然老师
接受笔者采访

　　2012年9月下旬，笔者在沈阳突然接到老人电话："玉才，最近闲着没事，把脑子里常常出现的问题，杂乱无章地写了下来，请您看看。如用，可润色、修正。不用，暂放您处。"默然老师说话总是这么客气，从不盛气凌人。我急忙打发刚刚毕业、在北京工作的儿子去见老人。9月24日，儿子告诉我："在北京医院见到爷爷了，手稿马上捎回沈阳。""爷爷在医院？"我急忙询问老人的身体状况，儿子告诉我："就是常规的身体检查。"我不久收到了老人的手稿《奥运启示》，满满的11篇，其中谈到中国在伦敦获得38枚金牌、奖牌总数列第二位，字里行间充满了中国人的自豪感。谈到女排的失败，老人很专业地从思想、训练、指挥、状态等四个方面分析了原因，对中国"三大球"充满了焦虑。

　　因为当时奥运已经过去一个多月，老人谈的观点又过于具体，所以，我没有忍心难为报社编辑。恰好这次开辟"名人视点"专栏，我终于可以让老人直抒胸臆了。

　　默然老师家住的小区一如他在沈阳住的小区，绝对不像某些媒体说的那样是什么高档小区。上了八楼电梯右拐再左拐，需要借助手机的光亮才找到了门牌号"801"。刚一进门，往左边的卧室一看，老人的背影依然高大魁梧。或许是半年不见的缘故，突然觉得老人苍老了许多。"刘勇咋没来呢，老苗还好么？"刘勇是记者站的一位年轻同志，老苗是记者站老站长。"国锋今天从十八大会场给我打电话了，说今天中央领导到代表团看望了大家。"国锋是默然老师在辽艺的接班人，十八大代表。默然老师来北京生活了一年多，明显开始念旧了。

"十八大是一次盛会，我应当表达一下自己的心情。"默然老师说，"首先，我从大文化的角度，谈了一下中国近十年来的科学技术、文化成果，然后，又结合蔡武部长的讲话，谈了一下对文化体制改革和文化大发展大繁荣的意见。"

"李老师，稿子整理完后，我送给您看看。""不用，我信任你。"默然老师一如既往的痛快。"那，李老师，我先走了。""啊，你现在就走啊！"语气中明显感觉到老人的不舍。我告诉老人："我从单位要的车，老师傅还在楼下等着呢。"然后握手与老人告别。

本来，我带着相机准备给老人拍几张照片的，可是，眼见着老人的目光再也不像以往那样炯炯有神了，这种情况下拍照，会让一生都是硬汉形象的老人难为情的，所以我悄悄打消了拍照的念头。

从默然老师家出来，我一眼看见小区对面就是一个地铁站。于是我告诉马师傅："过几天送报纸，我坐地铁，不麻烦您了。"心里盘算着，这样我可以在老人身边多待一会儿。

晚上回到宾馆，我的心情久久不能平复，老人温柔的目光在我脑海中挥之不去。以前，在沈阳的时候，我多次去老人家，从来没有像今天这样六神无主。晚上10点17分，我含着眼泪在个人微博上写下了自己的难过心情。

在我很小的时候，默然老师就是我的偶像。尤其是他在《甲午风云》里把辫子一甩，手握舵把，驾驶着致远号向敌指挥舰撞去的场面，每每让我热血沸腾。1985年大学毕业分配到沈阳后，我经常面对着坐落在皇姑区松花江街的一栋老楼，像朝拜圣地一样朝拜——那里面住着我最敬爱的李默然老师。直到2006年我调入光明日报社，与叶辉、苗家生一起采访默然老师，才第一次走进老人那幢整洁朴素的家。

叶辉老师在《李默然采访手记》里真实地记录了我们第一次走进老人家的感受：李默然身披一件对襟毛衣为我们开门，花白的头发整齐地向后梳去，身体发胖已显得有些臃肿，那独特的橘子皮脸，那坑坑洼洼起伏不平的"丘陵"已变得不那么明显。

长篇人物通讯《李默然：一出演不完的剧》从写作，到修改，到发表，期间我们多次往返默然老师家，并从此与这位老人结下了不解之缘。

默然老师每年都自费订阅《光明日报》，从此，每年一到报纸发行季节，我们就赶紧给老人订上，稍微晚一点，老人就花钱自己订了。后来，我又协调我的"老东家"，为默然老师赠送了一份《辽宁日报》。虽然钱不多，但我们细致入微的做事风格赢得了默然老师的称赞。在很多场合，默然老师都说："光明日报的记者都特别诚实，言而有信。"

于是，从2008年奥运会、2009年建国六十周年，到2010年上海世博会，每逢重要历史节点，人们在《光明日报》上都能听到默然老师的声音。老人在沈阳发起成立老艺术家协会，在大连召开"新时期艺术发展趋势与价值取向理论"研讨会，在沈阳举办中国戏剧（戏曲）导·表演艺术体系论坛，都会吩咐人第一时间通知《光明日报》辽宁记者站。2010年5月，我又一次来到老人家，希望老人能给《光明日报》写一句祝福的话。老人领着笔者，走上台阶上的小厅，来到一张书案前，挥笔写下八个遒劲的大字"光明日报，前程光明"，并郑重地签上了自己的名字。

2010年9月17日，与默然老师相濡以沫一个甲子的老伴——龙潮（原名苏玉坤）撒手人寰，离他西去。这一天，离他们"钻石婚"纪念日只差5天。噩耗传来，默然老师捶胸顿足，放声大哭。送走母亲，儿子李龙吟怕父亲孤单，特意把默然老师接到北京，一住就是一年多，直到去世。2011年春天，默然老师委托别人，通过电子邮箱发过来一篇纪念老伴的稿子，语气仍是那么谦和："能发就发，不能发别勉强。"感谢我的同事们，每一篇我发过去的默然老师稿件，都能在报纸上见到影子。2011年4月1日，《光明日报》以《老伴：我的良师和益友》为题，发表了默然老师的纪念文章，老人特意打电话向我表示感谢。

● 陌生群众在灵堂外纪念李默然

我本来以为，文章见了报，应该能够抚慰一个老人对老伴的思念之情，孰料两年之后，默然老师还是追随老伴去了。

2012年11月8日晚上，我正在案头整理老人的手稿，忽然接到一个同事的电话："网上说，默然老师走了？"我急忙放下同事电话，拨通了老人的手机号码："系统忙、稍候再拨。"手机居然没停，我心中升腾起无限希望，但愿网上说的都是胡说八道。然而，接下来拨通他家里的座机，打破了我的所有侥幸——仅仅两天之后，默然老师真的走了，走到很远很远的地方，天堂里多了一个老艺术家，世上再无李默然。我伏在桌子上，任悲痛的泪水恣肆地流淌。

面对铺在桌面上的老人绝笔，我心如刀绞，手足无措。报社领导经过研究，决定全文发表老人临终前两天写给本报的文章。11月11日，《一切皆因有强大的祖国》发表在《光明日报》15版头条。手捧着散发着油墨味的报纸，我忽然又想到了老人家小区门口的那个地铁站。默然老师，我坐哪一班地铁才能再见到您？

默然老师和我的父亲同龄。我和父亲每年见面的次数同与默然

● 李默然追思会照片

老师见面的次数差不多。父亲用农民的坚韧和付出把我从一个农村的孩子培养成北京大学的学生；默然老师用一个老艺术家的襟怀引导我做一个诚信的、负责任的、严于律己的光明日报人。

　　老人对自己严格，对别人却宽厚仁慈。他是第一个做广告的影视界名人，也是第一个发誓不再做广告的人。1989年，他为"三九胃泰"做广告，只向厂家提出两个条件：一是资助戏剧家协会20万元钱办戏剧节，二是必须加上一句台词——制造假冒伪劣产品是一种不道德的行为，应该遭到全社会的谴责。广告播出后，引起轩然大波，观众无法接受心目中的英雄和商业利益挂钩。"我什么权利都有，就是没有权利伤害观众的心，以后，我再也不拍广告了。"某药厂厂长拎着一袋子钱堵在他家门口，他避而不见。然而，当笔者写稿时，提到了他不做广告这件事，他却毫不犹豫地把这段划掉了。他说："观众是接受不了我这个'邓大人'做广告，其他演员如果能够通过做广告，打开优质产品的销路，提高了员工的收入，这也是一件大好事。所以说，我不做广告不等于别人也不能做广告。"默然老师为了自己一次伤害观众的举动一诺千金20多年，安贫乐道了20多年。一个人要压抑住多少贪婪的欲望，做出多大的牺牲，才能成就其一世的英名。默然老师没有私人飞机、没有大别墅，但是，他有比飞机飞得更高的思想境界，和比别墅更充盈的精神财富。

由于多种原因，通史著作中对东北着墨不多，即便是司马迁的《史记》，提到东北，也常常是寥寥数语。冯永谦用60多年的行走，为千疮百孔的东北古史补上了漏洞——

司马迁寥寥数语，冯永谦奔波万里

2017年，一档大型文化节目《国家宝藏》在央视推出，立即火爆荧屏。9大博物馆精挑细选出来的27件稀世国宝，惊艳了观众的眼睛。

辽宁出土的一对铜鎏金木芯马镫，与大名鼎鼎的越王勾践剑、商鞅方升、云梦睡虎地秦简一起恢宏亮相。亲手从北燕冯素弗墓挖掘出这对马镫的冯永谦老人告诉笔者："这是世界上出土最早的有确切年代可考的双马镫，不仅帮助三燕军队驰骋辽海、逐鹿中原，而且影响到朝鲜半岛和日本，并通过蒙古高原上的柔然人传播到欧洲，促使欧洲进入了骑士时代。"

冯永谦是新中国第一代考古人，足迹遍布东北三省。在丹东虎山他找到了万里长城的最东端起点，在绥中九门口廓清了清入关时与李自成鏖战的"一片石"，在辽阳沙坨子村寻觅到了刺秦失败后太子丹避难的桃花岛。又在广东高州，确定了被周恩来总理誉为"中国巾帼英雄第一人"的冼夫人的夫君冯宝，就是北燕被灭后，飘洋过海逃到岭南的北燕王族后裔。

● 冯永谦在冯素弗墓旁接受广东高州万里寻根团采访

　　由于多种原因，通史著作中对遥远的东北着墨不多，即便是司马迁的《史记》，提到东北，也常常是寥寥数语。冯永谦用60多年的行走，为千疮百孔的东北古史补上了漏洞。160万字的《东北历史地理》，是他和同行用永不疲倦的田野考察、砚田笔耕、史海搜寻，完成的一次东北历史与地理的时空对位。"司马迁寥寥数语，冯永谦奔波万里"，这不胫而走的戏谑之言既是对他的调侃，更是对他的高度评价。

发现太子丹躲避秦军追杀的桃花岛

　　1941年，东北仍处于日寇铁蹄之下，所有的孩子都要学日语。"咱是中国人，学那些'哩啦哇啦'的日语干啥？"在乡村行医的冯德明，不惧冒犯日本人的风险，毅然把儿子冯永谦送进了中国人开的私塾。

七年光阴，冯永谦饱读中国文化典籍、诗词歌赋，并于新中国成立后考入沈阳市第六中学。这所学校在清末民初叫沈阳东关模范学堂，周恩来总理当年曾在这里念书。冯永谦品学兼优，被选为校学生会学习部学习委员。

1953年毕业时，社会上最热门的行业是财贸、公安、教育，而他却被分配到了东北博物馆（今辽宁省博物馆）。老师认为：冯永谦有古文基础，文思敏捷、字写得漂亮，他去博物馆最合适。

冯永谦也不挑剔。"1954年，博物馆开东北考古训练班，学员来自当时东北六省博物馆、文化馆，给我们上课的老师是清一色的考古界、史学界大家。"尽管时间已经过去半个多世纪，但冯永谦提起当年授课的"大咖"至今仍然记忆犹新，他告诉笔者，"大考古学家李文信讲考古学、博物馆学、陶瓷学；辽史学者朱子方讲辽金史；契丹文研究学者阎万章讲古文字学；大书法家沈延毅讲缂丝、刺绣；到北京参观实习，给我们做报告的是郑振铎，讲考古发掘的是王冶秋，和我们同游八达岭长城的是罗哲文。"

学习结业后，他被选入东北文物工作队。当时我国第一个五年计划刚开始，大规模的基本建设工程破土动工，地下古代遗迹遗物不断被发现。由于建设项目多，文物工作队员少，大家没有休息时间，不分冬夏，甚至连春节都不能回沈阳。但是初出茅庐的兴奋和不断有新发现的惊喜，让他们乐此不疲。

到辽阳调查唐户屯、桑园子汉墓遗址时，因为没有汽车，一行十几个人带着发掘工具，雇了两辆马车，一路颠簸，沿太子河南岸向东行进。走到峨嵋庄时，车就不能再往前走了，太子河横亘在眼前——原来，沙坨子村是太子河中间的一座"孤岛"，四周被河水包围。村子里树木参天，林荫蔽地，东接绵邈山岭，西望坦荡平原，非舟楫不得往来。而村西十公里，就是辽阳，即战国时期燕辽东郡的首府襄平城。

如此地形地貌，让人不由自主地想到2000年前的一桩往事：燕太子丹派荆轲、秦舞阳赴咸阳刺杀秦王嬴政未果，却招来了嬴政的复仇大军。嬴政发下毒誓，即便"搜山检海"，也必见太子丹人头而后快，太子丹亡命辽东，"匿于衍水中"。而衍水恰是当年太子河之称谓。后来，经考古学家多方认证，沙坨子村果然就是燕太子丹躲避秦军追杀的桃花岛。

历史就是一部无字地书，倏忽间翻开一页就与今人打个照面。冯永谦兴之所至，写下了一首《太子河边吊燕太子丹》：历史不会忘恩仇，逝水如斯古今流。只为当年燕太子，宁死此地不低头。

● 易水送别绘画作品

此后，冯永谦醉心于考古一甲子，即便是在"文革"期间，他被列为"只专不红"典型，动不动就挨批斗时，仍矢志不渝。

1974年4月13日，法库县叶茂台村村民赵鹏权去西山拉石头，无意间看到西山南坡有大青砖，随便向下挖两锹，发现砖上居然涂有红色和白色，感到很奇怪，再往下看，发现有砖砌的门槛，赵鹏权猛然意识到这可能是一处古迹，于是向生产大队作了报告。

"五一假期，我突然接到队里通知，马上到单位。到博物馆后才知道，叶茂台村发现辽墓。因古墓已透风，进了空气，很可能因为氧化而使文物遭到损坏，情况万分紧急！"冯永谦告诉笔者，"5月2日，我们就用汽车拉着发掘工具，与文化局、博物馆领导，从沈阳出发了。"

古墓挖掘成果当年轰动一时：不仅发现了巨型石棺，还有罩棺的木构棺床小帐，在石棺与小帐间隙，出土2幅彩绘绢画《竹雀双兔图》和《深山棋会图》。这是辽墓中首次出土绢画，而且一组两轴，是中国考古史上一次重大发现，至今仍是辽宁博物馆镇馆之宝之一。

曾经参与古墓挖掘的法库县政协原副主席温丽和回忆说，当人们把冯永谦从黝黑的墓里拉出来时，他满身、满脸、满头都是灰尘，脸憋得通红。由于拉拽过猛，衣服扣子掉了好几粒，胳膊和身上也磨出了道道红印，但是手里托着的绢画却一点儿没破损。

"这是一次完美的发掘，但完美中也有遗憾。"冯永谦告诉笔者，这个墓出土的雕花填彩大石棺制作非常规整，花纹精美，敷彩艳丽，至今仍存放在辽宁博物馆里。但观众不知道，如此完美的石棺，棺底居然不是原件，而是用水泥做的。

当时，冯永谦负责往沈阳押运石棺，装完棺盖和四壁，"我正在安排怎样装运棺底，这时在场的一位负责人说：'棺底不拉回去了！'我听了很奇怪，立即说：'不拉棺底，石棺就不完整了！'这位上级就批评我说：'你又老毛病不改！不能凡古皆保！我们正要批判这种思想呢！'结果，棺底留在了现场，被村民打碎，修了院墙。"后来说起来，冯永谦仍然扼腕长叹。

在鸭绿江边找到万里长城最东端起点

万里长城"东起山海关，西至嘉峪关"，这是我国学术界长期沿用的观点，中小学教科书也这么说。

可事实上，早在2000年前，司马迁在《史记》中就说，"燕亦筑长城，自造阳至襄平。"造阳为今河北怀化一带，而襄平即现在的辽阳，位于山海关外370多公里。

司马迁寥寥11个字，让冯永谦跑了半个多世纪，行程上万里。据冯永谦介绍，他实地调查长城是在1956年，那时他去辽西考古，在建平县北部的山野间发现一道土墙，于是想起了司马迁《史记》中说的这句话，从此便与长城结下不解之缘。

他先后调查了分布在辽宁宽甸、内蒙古赤峰、河北承德等地的战国、秦、汉长城，河北抚宁、辽宁绥中等地的北齐、北周长城，辽宁营口、昌图，吉林四平等地的高句丽长城，黑龙江牡丹江的渤海长城，大连的辽长城，内蒙古克什克腾、莫力达瓦以及额尔古纳右旗等地的金长城，辽宁宽甸虎山、河北山海关直至甘肃嘉峪关的明长城。

"现在已经到了航拍时代，还有必要翻山越岭脚挪步量吗？"面对笔者的疑问，冯永谦表示："无论是过去的文献，还是现代的高科技，都无法取代田野考察。"他举例说，近代国学大师王国维写过一篇《金界壕考》，考察金代长城的走向，几乎将文献资料运用到极致，可谓面面俱到、天衣无缝，但因为王先生未到实地考察，这篇《金界壕

● 万里长城最东端辽宁丹东虎山长城

考》中的诸多论述，不断被后世的考古学发现质疑。

　　"现代的航拍，虽然可以勾画出长城的大致走向，但涉及细节便一筹莫展了。因为长城的很多段落被人为毁弃或随地貌改变，从高空航拍，即便再精密的仪器也找寻不到这些'消失的长城'。"冯永谦给笔者讲了这样一则故事，"有一次，我在辽宁北票境内找燕长城，在一个南北走向的冲沟前，东西走向的长城突然消失了。我在冲沟里走了很长时间，仔细观察冲沟两旁的土质，发现有一条沟垄内的土质发黑，我就想，是不是这段长城被山洪冲毁后形成断沟，两边的淤泥、腐草烂木沉降于此，才导致土质发黑呢？依据这个判断，我仔细观察这段沟垄两边的土质颜色，又爬到山岭高处看这段沟垄的整体外观，这么一观察，这条消失的长城轮廓立刻在我眼前明晰起来，这条断头的长城就这么被我'修补'上了"。

　　1986年，全国开展"爱我中华，修我长城"活动，辽宁决定修复绥中县明代万里长城九门口段，这是一件惠及子孙的好事，全省展开了规模巨大的群众性赞助活动。可辽宁境内长城状况如何，多数人不清楚。为了填补这个空白，冯永谦将历年来所掌握的长城资料，与人合作，汇集成一本《辽宁古长城》，运用大量考古调查资料，附有许多珍贵的地图和照片，图文并茂地将战国长城、秦长城、汉长城和明长城等如数家珍般地写了出来。

为了修复好绥中"九门口长城"，经国家文物局批准，1986年起，冯永谦担任领队，对九门口长城进行考古发掘，历时四年，获得许多有价值的资料，不仅破解了古长城的结构设计和建筑施工技术，还通过发掘纠正了文献中关于九门口长城只有6个水门的记载，从而保证了九门口长城修复成功。与此同时，还弄清楚一桩历史悬案。史料记载，清军入关时，曾与李自成的农民军在"一片石"展开一场激战，可是"一片石"究竟在什么地方，史书说法各异。冯永谦经过考证，确认"一片石"就是九门口长城桥下河床上、为保护桥墩而铺设的7000平方米铺石。

揭开了辽西明清史上的"一片石"悬案，冯永谦又把目标锁定在了辽东。他知道，长城"东起山海关，西至嘉峪关"是一个不应当出现的错误，长城的最东端起点应当在辽宁的丹东，但究竟在什么地方，社会上有不同的说法，学术界也莫衷一是。经过几个月的实地勘察，冯永谦终于在老边墙至虎山及其南麓的鸭绿江边，发现了长城的东端起点。这一发现，同史书记载恰好吻合，从而推翻了明万里长城"东起山海关"的传统说法，《光明日报》1990年10月24日第一版对此进行了报道。

1990年12月25日至27日，包括罗哲文、朱希元在内的国内研究长城专家30余人，齐集丹东，召开"明长城东端起点论证会"。《会议纪要》中明确指出："明代万里长城东端起点在辽宁省丹东市宽甸满族自治县虎山乡鸭绿江畔的虎山地段，即东经124度30分，北纬40度13分。"明长城东端起点的具体地段、位置、走向的认定，是我国长城考古上的一项重大发现和收获，廓清了曾流传于国内外明万里长城"东起山海关"的错误，恢复了历史真实面貌，具有很高的学术价值和重要的现实意义。

在遥远的岭南找到"马镫民族"的后裔

冯永谦直到年老，一直没有停止奔走。2013年赴山西、内蒙古调查三燕遗迹，2014年调查位于内蒙古、辽宁的辽代五大帝陵，2015年考察金代的都城、陵寝、大战遗址，调查辽太祖灭渤海国的回军路线，行程数万里，足至辽宁、吉林、黑龙江、北京、内蒙古、河北、河南、山东、山西等九个省（直辖市、自治区）。

2015年以来，冯永谦又频繁地造访了他挖掘出铜鎏金木芯马镫的冯素弗墓。其时，中央电视台还没有《国家宝藏》这个节目，这座墓之所以再次引起人们的关注，是因为人们在遥远的广东岭南，发现了这个墓主人的后裔，而且与岭南一位最著名的巾帼英雄联系在了一起。

历史波谲云诡，在人预料之中又经常出人意料。1965年，冯永谦在朝阳北票发掘北燕皇帝冯跋之弟冯素弗墓时，只知道公元436年，北燕被北魏所灭，北燕末帝冯弘一把火烧了国都龙城，率臣民逃往辽东。两年后，冯弘被辽东诸侯王高琏所杀，传说其一子归顺北魏，另一子冯业率300余人，从海边登船逃难。至此，北燕皇族后裔在中国历史上走失。不料，1500多年后，在辽宁地面消失的北燕后人，居然在万里之外的广东出现了！

2013年，《辽沈晚报》记者张松到广东肇庆采访，无意中在《南方日报》发现一篇《纪念冼夫人诞辰1500周年》的文章，文中写道：冼夫人的夫君冯宝为"北燕"王室后裔……

张松是辽沈新闻界非常知名的一名文化记者，对三燕文化有很深的了解，驰骋辽海、逐鹿中原的北燕后裔怎么会在广东茂名境内的县级市高州出现？张松立即改变行程，直奔高州，走进此前一无所知的冼太庙，除了冼夫人，庙里还供奉着北燕皇族后裔罗州刺史冯融、高凉（今高州一带）太守冯宝、隋朝左武卫大将军冯盎……

冯永谦与张松是忘年之交，听了张松在岭南的所见所闻，很快就在浩瀚的史籍中找到了蛛丝马迹——在唐朝名臣魏徵所撰《隋书·谯国夫人传》中，有这样的记载，"梁大同初（535年），罗州刺史冯融（冯宝之父）闻夫人（冼夫人）有志行，为其子高凉太守宝聘以为妻"。"融（冯融）本北燕苗裔。初，冯弘之投高丽也，遣融大父（祖

● 冯永谦接受广东高州电视台采访

父）业（冯业）以三百人浮海归宋，因留于新会。自业及融，三世为守牧。"

原来，1500多年前，冯业率部登船逃亡后，因遇风暴，最终于今广东新会登岸，刘宋王朝封冯业为新会太守，后封罗州刺史，此后三世为官。冯宝是冯弘的四世孙，父亲冯融高瞻远瞩，打破传统偏见，说服儿子娶俚人首领冼氏女为妻，开创汉俚联姻的先河。冯宝与冼夫人励精图治，平叛乱，教耕织，兴教育，使岭南成为富庶、安宁、文明之地。晚年的冼夫人回首自己波澜壮阔的一生，曾留下这样一句话：我事三代主，唯用一好心！

1957年，周恩来总理在青岛民族工作座谈会上说："冼夫人是中国巾帼英雄第一人。"1961年1月14日，著名历史学家吴晗在《光明日报》发表《冼夫人》一文，称"冼夫人是我国越族的杰出人物"。现在，冯宝和冼夫人已成为万众敬仰的"岭南之神"，海内外有2000多座冼太庙。

断了线头的历史就这样被出其不意地接上了，从此，广东高州与辽宁北票往来不断。2015年5月中旬，辽宁北票"冯冼文化"考察团莅临广东高州；2015年底，高州电视台"寻访冼夫人足迹"摄制组到访朝阳、北票；2017年4月，"冯宝冼夫人文化考察团"回辽宁老家省亲，圆了千年祭祖梦；2018年1月8日至13日，83岁高龄的冯永谦飞赴广东高州，参与冯宝墓的规划建设。

笔者去冯永谦家拜访，见老人仍住在八十年代建的老房子里，家里没有一件收藏品，从地面到房顶全是书。冯老说："我们刚入行时，郑振铎局长就对我们讲，搞考古的不能搞收藏，这是我们那代考古人的原则。"

考古60多年，冯老虽然没有收藏一件文物，却有一副好身板。记者陪老人吃饭，老人牙好胃口也好，吃嘛嘛香。"考古人都有一只'铁胃'。"老人说。那时候外出考古，吃不上饭是经常的事，饿急了时，他吃过树叶。在北票发掘耶律仁先墓，冯永谦等人住在莲花山小学老师顾万山家，把他家的葱和大酱都吃完了，没菜下饭就蘸着咸盐水吃辣椒，北票的朝天椒特别辣，把他辣得涕泪横流。自此后，他再不吃辣椒。

至于交通工具，能坐上火车、汽车就不错了，考古队员经常坐的是"牛车"，晃晃悠悠，一坐就是一整天。在浑江考察，水深风急，没有船，他们坐的是最原始的"槽盆"——"那东西像个大木桶，人在里边只能蹲着，一人把住盆沿一人划，还要紧张地保持平衡，否则一进水，盆就翻了！"

吃住行还在其次，危险时刻陪伴在考古队员身边。1955年，冯永谦等人在大伙房水库考察，正赶上大坝合龙，凌晨4点，大水漫来，把他们搭在河边的帐篷全给淹了。一行人撒腿就跑，跑到山上才化险为夷。还有一次，他和同事到西丰考察半夜归来，迎面遇到一头饿狼，这头饿狼前几天还咬死两名农夫，冯永谦和同事二人背靠背，与饿狼相持到天亮，才惊险脱身。回来时，整个人都虚脱了。1956年，他和同事一起到新民八图营发掘辽墓，晚上7点钻进墓里绘图、挖掘，到晚上9点，墓突然塌了，外边的沙子不停地往墓里灌，很快就在墓中央堆起一座"沙山"。俩人不停往外扒沙子，直到次日凌晨5点，才和外边的看墓人里应外合，打开一道缺口，死里逃生。

数度闯过危险，冯老笑称自己是被阎王爷遗忘的人。60多年来，他寻三燕、探辽陵、走长城、探古墓，足迹遍及祖国大地。

著名红学家冯其庸在为杨老传记所作的序里称："杨老不仅是一位闻名遐迩的大鉴定家，更是一位大学者、大研究家。"杨老闻言莞尔一笑，说："我是琉璃厂大学毕业的，古董店和地摊就是我的启蒙老师。"

杨仁恺：慧眼识国宝的"国宝"

在辽宁，冠以"人民"二字、由省政府命名的"大家"有三个：人民表演艺术家李默然，人民作家马加，人民鉴赏家杨仁恺。

采访完默然老师，笔者一直惦记采访杨仁恺，但杨老一直"困"在病床上。2008年1月31日，杨老工作了一辈子的辽宁省博物馆终于打来电话，笔者急匆匆地赶到省军区沈阳第一干休所。93岁的杨老风采依旧：发亮的额头闪着睿智的光，镜片后的双眸挂着几十年如一日的微笑，但笑容已凝固在灵堂里那张冰冷的遗像上。笔者在杨老的遗像前恭恭敬敬地鞠了三个躬。

曾为杨老写过传记的报告文学作家徐光荣告诉记

● 杨仁恺像

者：半个世纪以来，杨老在博物馆的库房里，发现了消失800多年的旷世瑰宝《清明上河图》；在乡野民间，采集到了蒲松龄的原稿《聊斋志异》；在长春、天津等地，又追缴出《簪花仕女图》《虢国夫人游春图》《曹娥诔辞》等百余件书画珍品，并陆续弄清了几千件国宝的真赝和下落。当年，他和谢稚柳、启功、徐邦达、刘九庵、傅熹年和谢辰生同为中国古代书画鉴定组成员。痛惜之情溢于言表！

琉璃厂大学毕业的"大学者"

著名红学家冯其庸在为杨老传记所作的序里称："杨老不仅是一位闻名遐迩的大鉴定家，更是一位大学者、大研究家。"杨老闻言莞尔一笑，说："我是琉璃厂大学毕业的，古董店和地摊就是我的启蒙老师。"

此话不假！

1915年10月1日，杨仁恺出生在四川省岳池县城。当地人传，晋时王羲之曾游居岳池灵泉寺，于石壁上留有《兰亭序集》手迹；南宋时，骑驴过剑门的大诗人陆游也曾到过此地。耳濡目染，杨仁恺从小便写得一手好字。1932年，17岁的杨仁恺考入重庆公立高级中学，但由于父亲病逝，家道中落，为了帮助母亲担起家庭重负，成绩优异的杨仁恺不顾母亲反对中途辍学，当了一名小学教员。三年后，他又到300公里外的成都，在玉皇观街私立群觉女子中学教语文

● 青年杨仁恺

和历史，同时兼职《说文月刊》校对。学校离成都古董店云集的总府街很近，按杨老的说法："日久天长，于不知不觉之间对之发生了如少女初恋的感情。"

加之当时的重庆正是陪都，云集了中国的一大批文化精英。担任校对过程中，杨仁恺常与撰稿人郭沫若、徐悲鸿、沈尹默、老舍、张大千、潘天寿、黄宾虹、傅抱石等名人学者接触，边校边学，得天独厚。

抗战胜利后，杨仁恺在朝天门码头登上客轮，出川北上进京，做了一名小职员。从此，琉璃厂成了他的"第二所大学"，在这里，他看到了一个更广阔的世界。很快，他就与各古董店老板、伙计打成了一片，见识了很多国家级珍宝，同时又结识了一批"国宝级"人物，对文物的"恋情"持续升温，并最终决定了他的人生走向。

时任政务院副总理的郭沫若亲自给他写了推荐信，但因专业人员已经配齐没有去成国家文物局。这时，杨仁恺得知，东北正在招揽文博人才，便给一位在东北工作的同学写信。不久，他便收到了邀请函，请他到东北文物管理委员会从事研究工作。经过15年的相识、相知和相爱，杨仁恺终于与他心仪已久的文物工作"喜结良缘"。

1950年春天，杨仁恺离开北京，来到沈阳，开始了长达58年的寻宝鉴宝之旅。他补缀《四库全书》，清理溥仪出逃时被人民解放军和苏军截获的文物，追踪伪满皇宫散佚的国宝，参加全国古代书画鉴定七人小组，历时8年，行程数万里，过目国宝6万多件。最后自己也成了"国宝"。

冯其庸说："我尝从杨老游，观其鉴定书画，往往只需展开数尺或三分之一，即能识其真伪优劣，所作题识更是援笔立就，不假思索，非不思索也，而是杨老目力所及，早已成竹在胸也。"

1964年4月的一天，杨仁恺正在荣宝斋后院休息，营业科的田宜生突然跑来叫他，说有人送来一包破片，让他出去看看，值不值得收藏。人说，好东西能让躺着看的人坐起来，坐起来看的人站起来，那一刻，据杨老讲，他的汗毛都立起来了：一堆碎片里，竟然有37件书画名品，李公麟的《三马图》题跋、北宋范仲淹的《师鲁二札》、北宋时期"喜穿唐服，遇石称'兄'"的大书画家米芾的稀世珍品《苕溪诗卷》也赫列其中。此卷用笔中锋直下，秾纤兼出，落笔迅疾，纵横恣肆，令人爱不释手，千金难求。

后来，荣宝斋把这批国宝赠给了故宫博物院。

"独具慧眼"的鉴赏家

乱世存粮，盛世收藏。康乾盛世，百废俱兴。康熙、雍正、乾隆三位皇帝，百余年间，搜罗入宫的前朝书法绘画名品总数在万件以上。

1922年11月16日到1923年1月28日，短短73天时间里，溥仪以"赏赐"其弟溥杰的名义，秘密把宫内收藏的书画手卷1285件，册页68件盗出宫。1924年，冯玉祥发动"北京政变"将溥仪赶出宫后，溥仪先在天津度过了6年，后到长春，这批文物也陆续运到长春，藏在新修的"伪满皇宫"博物院（俗称小白楼）里。

1945年，伪"满洲国"随着抗日战争胜利而土崩瓦解，溥仪从小白楼里精心挑选出57箱珍贵书画、珍宝，带着皇亲国戚、幕僚侍卫携带大量珠宝文物仓皇逃往通化大栗子沟。期间，伪"满洲国"货币已失去流通价值，溥仪一行人只好贱卖珠宝和名贵书画换取生活用品。后来溥仪欲逃往日本，于是精选出一小木箱精品中的精品登机，在沈阳机场就被人民解放军和苏联红军俘获，小木箱也被没收。

杨仁恺到沈阳不久，就接到任务，清理溥仪出逃时被截获的"东北货"。这天，杨仁恺从库房拿出一长卷，慢慢展开，目光游过5米多长的绢本，当即被该画宏大的场面，严密的结构，娴熟的技法，遒劲的线条震撼了。杨仁恺的眼睛为之一亮，急切地寻找款识与题跋，可惜，这幅题为《清明上河图》的巨作上没有作者署名，但是画后有金代张著的题跋，明确作者为张择端。

张择端绘制的《清明上河图》自北宋以后就失传了，800年来，人们只闻其名，未谋其面。民间流传着许多名为《清明上河图》的仿作，但临摹的是否就是张氏原作，多年来一直是个谜。这次溥仪出逃，所带的《清明上河图》不是一件，而是三件，他也不知道这些画是真的还是仿的。

杨仁恺心跳加快。"谁也没见过原画，所以只能靠文献记载判断。"杨仁恺遍查古籍，最终认定这幅画就是张择端的真迹。原因有以下几点：第一点，这幅画的编年没有问题，而且它的内容和《东京梦华录》里的记载是一致的。比如，当时开封的桥是木头桥而不是石头桥。第二点，它是民间的风俗画，风味十足，非常细致，具有宋代国画的时代原貌。而其余那两张仿造的《清明上河图》，一看就是坊间货，内容和历史上的文字记载对应不起来，是苏州的而不是开封的清明上河图。

从此，杨仁恺的名字与《清明上河图》紧紧地联系在了一起。他的徒弟王海萍赋诗一首赞扬他的发现：

> 世人寻他逾千载，
> 竟没库内旧画中。
> 慧眼识宝惊内外，
> 千年剧迹放异彩。

● 杨仁恺从库房里"打捞"出来的《清明上河图》真迹（局部）

　　不久，这幅稀世之宝被故宫博物院绘画馆调去参展，再也没回辽宁。直到51年后的2004年11月，辽宁省博物馆新馆建成之日，张择端的《清明上河图》才回到沈阳"省亲"，在当地引起轰动，出现万人争睹国宝的场面。此时，杨仁恺已是90岁高龄的老人了。

　　发现了《清明上河图》后，杨仁恺又奉命到长春追缴从小白楼散佚的国宝。原来，在溥仪率领皇亲国戚仓皇逃往大栗子沟后，尚存大量珍宝的小白楼立即陷入了贪欲的魔爪当中，禁卫队的"国兵"先是偷偷摸摸地拿，后是明火执仗地争，最后干脆明目张胆地抢，众多国宝落入个人之手，甚至被撕得身首异处，著名的《三马图》在哄抢中被"五马分尸"。

　　杨仁恺率领其他两位同志上长春、下天津、访京城，日夜穿梭在城市乡村的大街小巷，查阅档案，走访知情人，提审在押犯人，追缴流失的文物，一天只吃上一顿饭是常有的事，常常是一连几天谈话，谈到口干舌燥，喉咙发痒。

经过两个多月的艰苦努力，工作组共回收"伪满皇宫"流失的文物170种319件。每回收一件国宝，每打听到一件国宝的下落，杨仁恺都会写下详细记录。其后40多年，无论是到全国各地鉴宝，还是到国外参观讲学，他一直关注着这批国宝的命运，终于在1989年完成呕心沥血之作《国宝沉浮录》。书中他对每一件书画的著录、真赝、散佚递藏情况、现今藏处都一一注明，是迄今为止寻访故宫书画国宝最翔实的"地图"。虽是一部学术著名，但一上市，此书便成了当年最畅销的书。

翻阅着这部近60万字的宏篇巨著，谁会想到，这是杨老用一只眼睛一字一字码出来的。"文化大革命"中，造反派说他是邓拓的走卒，三次抄家，多次被批斗。造反派一个耳光，导致他视网膜脱落，倘若当时住院进行粘贴治疗，视力还可以恢复到零点几，但是造反派不准他住院，于是杨老的右眼从此就瞎了，左眼的视力也只有零点几。一只眼睛担负起两只眼睛都难以承受的重荷，他经常感到眼睛发酸发胀，疼痛难忍，无奈只好反复按摩，频繁地点眼药水，然后照常工作。

然而，杨老并不悲观，在一次接受中央电视台采访时，主持人问他："对于一个文物鉴赏家来讲，眼睛是不是最重要啊。"杨老笑笑，说："是啊，我是一只眼睛，独具慧眼嘛。"

爱咬死理的"好老头儿"

"杨老才大，学问大，但是待人却极谦和、毫无架子，遇之如春风，接之如冬阳。"冯其庸这样评价杨老的为人。

《中国文博名家画传——杨仁恺》的责任编辑崔陟也说："接触多了，我发现杨老有个特点，就是他的脸上总是挂着温和的笑。""说句大不敬的话，真是一个好老头儿。"

前文提到那位一耳光打瞎了杨老右眼的青年，在杨老重新走上工作岗位，担任博物馆副馆长之后，仍然在杨老手下工作。一次调薪，在提薪名单中有这个青年的名字，"杨馆长能不能同意？"办公室主任犹豫了好长时间，才拿着这个名单找到了杨仁恺，杨仁恺毫不犹豫："我同意，上报吧。"

经历过多少人生的历练，才会有如此宽阔豁达的心胸？

"千里家书只为墙，让他三尺又何妨，万里长城今犹在，不见当年秦始皇。"对于区区个人恩怨，杨老一直坚持"让人三尺"。但是，在原则性的学术问题上，杨老绝不退让一步。

1951年春，由蒲松龄后人保存了250年的《聊斋志异》手稿上半部转到了杨仁恺的手里，他花费3个月的时间对25万字的半部书稿逐字逐句校勘，收集了很多资料及旁证，确认手稿是蒲松龄真迹。本来，人民文学出版社计划影印出版，但在审读期间，中国科学院文学研究所所长何其芳认为，这部手稿并非原稿，而是手抄本。《人民文学》主编严文井也赞同他的观点。

面对高山仰止的两位大家，杨仁恺虽然崇拜，但并不迷信。为了求证自己的判断，他除了进一步研究书稿，还尽可能地寻找可以比照的"物证"。其中一件是蒲文珊在捐赠《聊斋志异》时，同时捐赠的蒲松龄《农桑经》手稿残卷，另一件是蒲松龄画像，上有蒲松龄题字。几相比较，其书法皆近于楷书，间架、行气和运笔如出一辙。他向出版社力陈自己的鉴定意见。恰在这时，青岛又发现了蒲松龄长诗《古风》手迹，两相对照，书法风格完全一致。杨仁恺便在论文《谈〈聊斋志异〉

原稿》中，再次确认了原稿的真实性。后来，人们对于《聊斋志异》的原稿认定渐趋一致，文学古籍刊行社很快编辑出版了《聊斋志异》原稿影印本。

第三届中国传记文学长篇传记文学优秀作品奖获得者徐光荣说："杨老治学严谨给我留下了深刻的印象。当初发现《聊斋志异》真迹时，他不迷信权威，坚持自己的观点。在鉴定《簪花仕女图》年代时，与他的好朋友、同为鉴定权威的谢稚柳产生争执，但是并不影响私交。"

杨仁恺与谢稚柳早在重庆时就是好友，80年代又同谢稚柳、启功等同为中国古代书画鉴定小组成员，陆陆续续在一起工作了8年，足迹遍布全国22个省的博物馆、图书馆、大专院校、文物商店，鉴定书画近10万件。鉴定意见不约而同时，"七位大师"抚案击掌大笑，顽如孩童；结论不一致时，便争得颈粗面红。

唐周昉《簪花仕女图》是一幅令人神迷的宫中妇女生活画卷，杨仁恺根据画面上的每一个人物及穿梭于人物间的小狗、丹顶鹤与辛夷花的研究，翻阅了唐代风俗、时尚的诸多记载，又将仕女图的构思、形象、气韵、线条、赋色等同唐代其他作品进行比对，认定《簪花仕女图》肯定是唐代贞元年间的作品，而且很可能出自周昉的手笔。令杨仁恺没有想到的是，首先对此提出异议的竟是他的老友谢稚柳。谢稚柳认为，《簪花仕女图》并非周昉作品，也非唐人作品，而是五代南唐的作品。为此，两人在报刊上展开多次交锋，论辩中彼此表现出的互相尊重与在学术上表现出的严谨态度同样令人感动。

1997年3月，听说谢稚柳患病，杨仁恺夫妇万分焦急，当即飞沪探望，两位老人谈到书画鉴定中的争议，不禁相视而笑。6月1日，谢稚柳逝世，杨仁恺再赴上海，题诗致哀。

"国宝"家里没有国宝

辽宁既非齐白石故乡,也不是他曾工作过的地方,但是,辽宁省博物馆馆藏齐白石500余件书画金石作品,令国内外许多博物馆望尘莫及。为什么? 辽宁省博物馆馆长马宝杰对笔者说:"这里有杨仁恺先生的功劳。"

早在杨仁恺在北京琉璃厂"念大学"时,就经朋友引见,拜访过白石老人,请老人治下"杨仁恺"和"杨"两枚印章。到沈阳后,恰遇白石老人的三儿子齐子如、白石老人恩师胡沁园的孙子胡文效也在东北博物馆工作。"近水楼台",杨仁恺建议馆里征集齐白石的作品,领导批准了这个建议,由杨仁恺负责,齐子如和胡文效协助。

于是,杨仁恺频繁地到北京"白石画室"向老人订购画作,并征集老人各个时期的作品,白石老人也向东北博物馆赠送了一些作品。后来,齐子如患病,白石老人不断有手书捎来,"赐如儿寿比爷长""愿如儿健步加餐长寿年",拳拳父爱人神共泣。天不遂人愿,53岁的齐子如英年早逝,杨仁恺心怀悲痛,却不敢告诉老人,直到老人去世,仍然蒙在鼓里。

"父亲一生鉴宝无数,却从不收藏,家里找不到一件宝。"在灵堂里,杨仁恺的儿女们对笔者说,"不是没有人送他古董,是有人送给他,他就捐给博物馆。"

杨仁恺从事文博工作五十年,省政府为他举行纪念活动,国内外许多知名画家、书法家为他创作了近百幅书画作品,他全部交给了辽宁省博物馆收藏。1994年他应邀去新加坡、马来西亚讲学,期间为当地鉴定文物,得到一些报酬,按说这是他本人的劳动所得,可他却将2

● 杨仁恺正在工作中（图片由辽宁省博物馆提供）

万多元的鉴定费如数交给了博物馆。

2000年8月，菲律宾华侨庄万里子女邀请杨仁恺到菲律宾鉴定父亲生前收藏，尽管公务缠身，杨仁恺还是不远万里飞赴马尼拉，冒着酷暑，在庄氏"两涂轩"鉴定了这位爱国华侨生前收藏的几百件文物，其中仅宋元明清珍品就有百余件。85岁的鉴赏家的敬业精神令老华侨子女感动不已。在杨仁恺回国不久，华侨子女即按老先生遗嘱，将200多件文物捐赠给祖国。

杨仁恺不仅是著名的书画鉴赏家，其个人的书画作品也独树一帜，但老先生一直坚称自己的作品"不能入流"，因而惜墨如金。然而，听说"的姐"林红艳领养的13个孩子中有两个孩子同时考上了大学，1万多元的学费没有着落时，当即挥毫泼墨，写下唐朝诗人杜少陵的著名诗句"会当凌绝顶，一览众山小"。沈阳万盟集团董事长谷峰当即以2万元现金买下这幅字，杨仁恺转手将钱全部交给了林红艳。

有位企业老总求他写字，他一挥而就，十个大字跃然纸上："凭良心做事，靠本事吃饭。"字体遒劲，力透纸背，直逼人心。

杨仁恺有六个儿女，个个有出息。杨老为此深感欣慰："总算没给社会出次品。"然而，六个孩子没有一个子承父业，多少令人遗憾。有人问杨老："您打算把这些知识和财富传给谁呀？"杨老仍是温和地笑笑，说："传给社会，传给后人呀。"他说："我们中国的文物典籍，浩如烟海，辽宁省博物馆藏品10万件，也只是一斑。我们每一个中国人都应该为传承民族文化努力工作。"

"事能知足心常惬，人到无求品自高。"透过杨老写给别人的这副对联，我们可以窥见杨老坦荡无私的内心世界。